ENCONTRANDO EL CAMINO

EDYAH BARRAGAN

Diseño: Saulo Rodríguez
Fotografía de portada: Leslie Soto

Todas las referencias bíblicas fueron tomadas de la Biblia
Nueva Versión Internacional (NVI), a menos que se indique
otra fuente.

Categoría: Jóvenes. Vida cristiana.
Contacte a Edyah:
Facebook.com/EdyahBarragan
YouTube/EdyahBarragan
www.edyahbarragan.com

ENCONTRANDO EL CAMINO
EDYAH BARRAGAN

Para Edgar, Yamel y Yahed.
¡Gracias por su amor incondicional
y por siempre creer en mí!

Índice

Introducción

Un día desperté, me vi al espejo y me di cuenta que la persona que estaba en el reflejo no era yo. Era como verme desde la perspectiva de una tercera persona y no reconocía a quien veía ahí. Habían pasado los años y construí una persona ficticia, tan irreconocible ante mis ojos que no quedaba nada realmente de mí. Era como ver a una persona extraña observándome.

Estaba perdida, sucia y parecía que había topado con una pared. Después de tantos intentos fallidos de tratar de tomar las riendas de mi vida, estaba cansada y agotada.

Pero no me rendí ahí, sino que decidí cambiar y volver a ser quien realmente era, o al menos quien creía ser. Ahí fue donde comenzó mi búsqueda de identidad, la que me llevó a regresar a mi fe. En ese proceso de encontrar mi camino, Dios me habló y me transformó completamente. Aunque todavía tengo muchas cosas por aprender y entender, he llegado a un punto donde comprendo que no solo yo pasé por esa crisis de identidad, sino que hay una generación completa a mi alrededor buscando su identidad y propósito.

Me gustaría compartir lo que he aprendido, lo que continúo aprendiendo, y lo que me ha ayudado en mi vida durante este proceso de reencontrarme. Quiero ser una voz que es usada para traer luz y poder decirte a ti las cosas que hubiera deseado que alguien me dijera antes de caer a ese punto bajo en mi vida, o simplemente las cosas que me hubiera gustado saber en la trayectoria de mi búsqueda. Sin importar las malas experiencias, estoy agradecida que Dios no me soltó y que cada día de mi vida lo he visto moverse en mí. Me ayudó a entender y comprender lo que por mi sola no pude hacer. Creo firmemente que aun las peores experiencias o "fracasos" Dios los puede convertir en bendición, y así veo mi pasado. No lo veo como algo perdido y vergonzoso, simplemente situaciones que me hicieron pasar por el fuego para quitar una gran venda de mis ojos. Cada mala experiencia me moldeó de cierta manera y al final de cuentas obró para bien.

Es fácil dar un consejo cuando nunca has pasado por algo o cuando no estás en la situación o en el momento, pero yo vengo aquí contándote mi experiencia personal. Esto no es una historia que alguien me contó o una historia de ficción. Te lo cuento yo, una joven igual que tú de esta sociedad tan confundida y perdida. Cometí mis errores, tropecé, fallé y me perdí, pero ahí no acabó mi historia, sino que ahí fue donde comenzó.

CAPÍTULO 1

En El Principio. . .

"Me explico: lo que se puede conocer acerca de Dios es evidente para ellos, pues él mismo se lo ha revelado. Porque desde la creación del mundo las cualidades invisibles de Dios, es decir, su eterno poder y su naturaleza divina, se perciben claramente a través de lo que él creó, de modo que nadie tiene excusa" (Romanos 1:19,20).

D esde pequeños empezamos a recibir información sobre quiénes somos y lo que tenemos que ser. Parece como si hasta cierto punto no tuviéramos opción de elegir lo que queremos hacer de nuestras vidas. Se nos dice que debemos ir a la escuela, hacer tarea, tener amigos y continuar estudiando para un día tener un buen trabajo, casarnos y ser felices. Cada día lo vivimos en monotonía, añorando ese día donde por fin nos graduaremos para hacer lo que queremos.

Conforme va pasando el tiempo vamos formando lo que creemos es nuestra identidad. Empiezan a manifestarse ciertas cosas que nos llaman la atención, que nos gustan y surgen esas pasiones que se convierten en sueños y anhelos. Sin importar en donde crecemos, todos tratamos de entender la vida, por qué existimos y para qué vivimos. Estas son preguntas bastantes complejas de contestar, especialmente para un niño o adolecente.

Si la sociedad no nos creó, ¿por qué le damos esa responsabilidad de decirnos quiénes somos?

Un problema grave es que crecemos con la idea de descubrir quienes somos basados en los estándares que nos ha dado la sociedad, y bajo esos estándares jamás llegaremos a entender nuestra identidad. La sociedad, al igual que la moda, la política y los conflictos del mundo, cambian con el tiempo. La sociedad es algo creado por el hombre, pero no es lo que creó al hombre. Si la sociedad no nos creó, ¿por qué le damos esa responsabilidad de decirnos quiénes somos?

Dios *Yahweh* creó el universo; con su voz se crearon absolutamente todas las cosas. Él te creó a ti, y Él me creó a mí. Dios, siendo el Creador, tuvo un propósito específico al momento de crearnos. En el proceso de la creación (Génesis) podemos ver cómo todo fue creado en un orden, por una razón, y cada cosa creada era buena y perfecta. Adán y Eva que fueron los primeros humanos; llegaron a un punto donde decidieron seguir su propio camino y seguir sus propias pasiones. En resumen, eso le dio entrada al pecado, y la creación original de Dios fue modificada. El pecado alejó a la creación del Creador. En consecuencia, han pasado miles de cosas desde entonces hasta ahora y el resultado es el mundo que tenemos hoy en día. Un mundo lleno de confusión, odio y dolor. De todas las consecuencias que pasaron, en este libro me enfocaré en la crisis de identidad que nos ha afectado a todos.

BLANCO Y NEGRO

Sí *vs* no. Bien *vs* mal. Superhéroes *vs* villanos. Siempre hay dos extremos para todas las cosas. Cuando se trata de Dios y la vida, esto no es la excepción. Dentro del plan de Dios, en ese jardín donde creó a Adán y Eva, Él les dio una identidad. Ellos tenían una relación directa e íntima con su Creador. Un día llegó el enemigo en forma de serpiente y empezó a cuestionar lo que Dios les había dicho a ellos. Les metió duda, cizaña y tentación. Desgraciadamente fueron muy débiles, se dejaron engañar y desobedecieron la única regla que Dios les había puesto, de no comer del árbol del bien y del mal. La serpiente les hizo oponerse a la identidad que Dios les había dado y terminaron haciendo algo que marcaría el resto de la historia.

Desde ese momento hasta el día de hoy existe una batalla entre el bien y el mal. Entre los propósitos de Dios y los dardos del enemigo. Y el enemigo continúa haciéndonos cuestionar la identidad que Dios nos ha dado. El enemigo quiere que seamos cegados, que vivamos una mentira y que disputemos sobre lo que Dios nos dice, porque lo que él quiere es que nos perdamos.

Juan 10:10 dice: "*El ladrón* [el enemigo] *no viene más que a robar y matar y destruir...*". En contraste, Juan 3:16 dice: "*Porque tanto amó Dios al mundo, que dio a su Hijo unigénito, para que todo el que cree en él no se pierda, sino que tenga vida eterna*". Cuando no sabemos quiénes somos, cuál es nuestro propósito y por qué vivimos, pasamos la vida caminando en la dirección equivocada. Un ejemplo que probablemente entenderás es sobre la película de Hércules. El enemigo de Zeus roba a Hércules de bebé y lo separa de su familia. Una pareja encuentra a Hércules sin saber quién es y lo crían como su propio hijo. Hércules crece como un mortal, sintiendo que no encajaba con los demás jóvenes porque era un poco distinto. No cabía en los estereotipos de la sociedad en la que vivía porque por más que intentaba no lograba ser como ellos. Sentía como que no pertenecía y que algo faltaba. Cuando le revelan sus padres que había una medalla de los dioses que él tenía cuando lo encontraron, decide ir al templo de Zeus. Ahí descubre que es hijo de Zeus y que no es como los demás. Fue entonces cuando entendió por qué nunca iba a caber en el estándar del lugar donde vivía, porque no pertenecía a ese lugar. A partir de ahí empezó un proceso en su vida, de entrenar y cumplir su propósito, el cual tenía un final específico.

Aunque es solo una historia mitológica y una de mis películas favoritas, tiene algo muy cierto y muy similar a nuestra historia. Habla sobre algo muy importante que es la identidad y como no saberla o tener una idea errónea de quienes somos, cambia absolutamente todas las cosas. Cambia cómo nos vemos a nosotros mismos y cambia nuestro rumbo de vida.

MUNDO ESPIRITUAL

Sabemos que existe un mundo espiritual, y así como existe Dios con sus planes maravillosos, existe el enemigo que busca nuestra destrucción. Efesios 6:12 dice: *"Porque nuestra lucha no es contra seres humanos, sino contra poderes, contra autoridades, contra potestades que dominan este mundo de tinieblas, contra fuerzas espirituales malignas en las regiones celestiales".* Dentro de esta lucha espiritual, pasaremos por luchas en la carne que son el reflejo de lo que pasa a nuestro alrededor. A veces no estamos muy conscientes del mundo espiritual ya que no lo vemos y muchos jamás han escuchado siquiera algo que tenga que ver con esto. Pero no es algo que podamos negar.

El enemigo nos ataca de distintas formas, y una que puede afectar el resto de nuestras vidas es con la identidad. Si con el ejemplo de Hércules no te quedó claro el porqué es importante saber nuestra identidad, hay otro ejemplo que creo queda perfecto aquí. Mi papá hace un tiempo me contó la historia de un hombre muy pobre que gasta la mayoría de su dinero en un boleto para viajar por barco. Este hombre, sabiendo que no tenía muchos recursos, decidió comprar latas de atún para comer en el viaje y así no tener que gastar. Cada día la gente se reunía en el comedor y el pobre hombre veía por la ventana cómo la gente estaba contenta comiendo y cómo el capitán conversaba con las personas. Él tristemente se iba a su cuarto a comer su atún. Cuando llega el final del viaje, el hombre iba bajando del barco cuando se cruza con el capitán. El capitán se sorprende de verlo y le pregunta que si viajó con ellos en el barco. Cuando el hombre le dice que sí, el capitán confundido le pregunta que por qué nunca lo vio en el comedor ya que él siempre se aseguraba de saludar a todos. El hombre avergonzado le cuenta que como era muy pobre no tenía dinero para comer y se iba a su cuarto a comer latas de atún. Al escuchar esto, el capitán se entristece y le explica que todo venía incluido con el boleto de transporte. No hay peor cosa que perder bendiciones y propósitos que no sabíamos que teníamos por no preguntar. Hay un propósito específico para nuestras vidas que tenemos que alcanzar.

HIJOS DE DIOS

Como creyentes, cuando llegamos a los pies de Cristo, constantemente decimos y cantamos que somos hijos de Dios. Creemos que cuando hacemos la oración de salvación, es todo. Pero es realmente ahí donde comienza la jornada, es donde las vendas se empiezan a caer y nuestros ojos se abren poco a poco a la verdad de Dios. Comenzamos un proceso de transformación.

Honestamente, a través de los años el enemigo ha encontrado formas de distraernos y mantenernos ocupados, ya que la religión ha sido manipulada por el deseo de poder y dinero. Se nos ha enseñado a llevar una vida de religión, pero no una vida de relación con Dios.

Desde el inicio de la creación vemos que el Creador no estaba separado de la creación, sino que vivía en comunión con ella. Aun después del distanciamiento debido al pecado, siempre buscó la manera de acercarse a nosotros, hasta el punto de mandar a su Hijo a esta tierra para reconciliarnos con Él. Ahora tenemos esa opción y libertad de conocer a nuestro Creador y hablar directamente con Él. Aunque hay muchos misterios en la vida y conflictos dentro de la iglesia, eso no es de lo que quiero hablar. Solo menciono estos puntos como referencia de las maneras en que el enemigo nos ha desviado de la verdad.

VIRUS LETAL

Si alguna vez has leído el Antiguo Testamento, te podrás dar cuenta que el ser humano siempre quiso crear sus propias reglas y vivir la vida como le placiera, aun si esto significaba ir en contra de Dios. Una y otra vez, Dios quería a su pueblo santo y que viviera en obediencia para llevarlos de gloria en gloria y de victoria en victoria, pero siempre de una manera u otra se revelaba.

La sociedad es la humanidad, los estándares y normas que hemos creado para nuestra forma de vivir. La sociedad no va conforme las normas de Dios, sino en contra del plan que Dios tiene para nuestras vidas. La sociedad ha llegado a manipular y malinterpretar lo que significa vivir una vida conforme a la voluntad de Dios. Y ha metido a Dios en las palabras "religión" y "religiosidad". La sociedad es la que por mucho tiempo nos ha dicho lo que es aceptable y lo que no. Nos ha dado estándares de belleza, éxito y perfección. Ha sido el juguete de entretenimiento perfecto que ha usado el enemigo por tanto tiempo para confundirnos y distraernos de lo que Dios ya ha establecido sobre nuestras vidas.

Todo esto ha sido un virus que por generaciones nos ha infectado. Hay tantos jóvenes teniendo pensamientos de suicidio, frustrados, enojados, heridos, confundidos y que viven con mil máscaras sin darse cuenta. También para los que piensan que esto no es un problema para ellos, probablemente sí lo es. Es como les sucede a algunas celebridades, que aparentemente lo tienen todo y terminan quitándose la vida o toman un camino que acaba destruyéndolos. Aunque esto puede ser un virus letal, existe la solución, y esa es Jesús.

CAPÍTULO 2

Golpe bajo

*"Por lo tanto, si alguno está en Cristo, es
una nueva creación. ¡Lo viejo ha pasado, ha
llegado ya lo nuevo!"* (2 Corintios 5:17).

Todos pasamos por el punto donde tratamos de entender y descubrir quienes somos. Este proceso prácticamente comienza desde que nacemos, pero se vuelve más evidente cuando inicia la adolescencia, ya que somos un poco más conscientes de nuestras vidas. Ahí es cuando comenzamos a soñar y ver quién queremos ser. Las preguntas empiezan a surgir, y no paran con el tiempo, sino que se hacen más fuertes. Crecemos creyendo que nosotros construimos quienes somos, y esto en parte es cierto, pero en esencia ya somos algo, porque fuimos creados a la imagen y semejanza de Dios.

Constantemente escuchamos frases como "sé quien tú quieres ser". El conflicto que existe en todo esto es que ¡ya tenemos una identidad y propósito aun antes de nacer! Este proceso termina en una falta de identidad la mayor parte del tiempo. Creamos una identidad falsa que tomamos por verdad, pero con el tiempo nos damos cuenta que hace falta algo más.

La falta de identidad afecta nuestras vidas de una manera impresionante. El no saber quiénes somos, a dónde vamos y por qué vivimos afecta nuestra forma de vernos a nosotros mismos, de cómo vemos la vida, y también influye en las decisiones que tomamos. En mi caso, como muchas personas, crecí con un concepto erróneo de la vida y de mí misma. Había pasado el tiempo y yo había vivido cada segundo tratando de agradar a las personas. Tenía un concepto erróneo de mí aun sin darme cuenta. Estaba en un punto donde honestamente no sabía quién era y qué iba a hacer de mi vida.

Desde chica había tenido el sueño de ser una cantante, actriz y modelo, y había puesto por completo mi identidad en lograr ese sueño. Constantemente me encontraba comparando mi vida con la vida de los demás y creía tener que cambiar quién era yo para lograr ese éxito y felicidad. Esa fue mi mentalidad durante la mayor parte de mi crecimiento y, en consecuencia, a mis diecinueve años, yo continuaba en mi búsqueda de identidad. Para ser sincera, nada estaba saliendo de la manera que esperaba.

Después de distintas experiencias, me encontré en un punto donde ya no podía más. Me sentí como el hijo pródigo cuando estaba comiendo con los cerdos (Lucas 15:11-32). Me di cuenta que por mucho tiempo estaba viviendo por algo que no valía la pena, y que estaba sacrificando todo por algo que estaba vacío. Me di cuenta que toda mi vida la había estado viviendo de una manera errónea. Fue como quitarme una venda de los ojos con la que había estado cegada por mucho tiempo. El problema es que ya no sabía cómo arreglar todo, no sabía qué hacer o cuál era el siguiente paso. Le había fallado a Dios y me había fallado a mí misma. Veía el problema como que ya no tenía solución. Entré a un punto de frustración y me sentía atrapada dentro de mi propio mundo.

Honestamente, lo que me hizo reaccionar y darme cuenta de la vida vacía que estaba viviendo fue la ruptura de un noviazgo. En ese tiempo salí de una relación "amorosa" que fue el último golpe que me causó reaccionar y cuestionar lo que estaba haciendo con mi vida. Como lo mencione antes, la falta de identidad nos afecta más de lo que podemos imaginar. Había llegado a un punto donde la inseguridad reinaba en mi vida. Le había dado el poder y las riendas a las personas y sociedad para definirme. Puedo decir con honestidad que por no saber quién era no me amaba y no me valoraba.

LA RUPTURA

Había ido de vacaciones a visitar a ese novio, y cuando regresé recibí el mensaje donde terminó la relación. En ese momento fue que me puse a analizar por qué estaba aferrada a que la relación funcionara. Ese novio no me amaba, no me respetaba, no me valoraba y definitivamente no me hacía feliz. Empecé a notar el pésimo patrón amoroso en el cual me encontraba constantemente. Noté cómo una y otra vez permitía que la opinión de las personas me devaluara, y lo peor del caso es que yo lo aceptaba. Aunque había crecido en una familia que me daba todo el amor del mundo, era una persona insegura, con falta de identidad y tenía el más grande miedo de ser rechazada. Con el tiempo y sin darme cuenta desarrollé ansiedades y miedos que me definieron a mí y a mis acciones por mucho tiempo, al punto de llegar a ser esa persona que no me gustaba.

En ese tiempo de analizar mi vida me di cuenta del desastre que había hecho. Me había convertido en quien siempre había dicho no ser. Empecé a notar patrones en mis decisiones y actitudes que me habían llevado al punto donde estaba y aunque no sabía cómo lo iba a lograr, estaba dispuesta a cambiar el rumbo de mi vida. Tuve que empezar de cero y cambiarlo todo. Hice un desastre, intenté mil cosas, hasta que logré encontrarme y convertirme en la persona que soy hoy. Tuve que recibir ese golpe bajo para despertar y darme cuenta que la vida que estaba viviendo no era la que me correspondía. Sabía que había algo mejor, y que podía encontrarlo si me lo proponía.

EL ACTO MÁS GRANDE

Me di cuenta que estaba demasiado descarrilada y empecé a regresar a lo que me era familiar. Aunque volví a mis viejas costumbres en la forma de vivir, amistades y fe, todo se sentía como un acto. Ni aun haciendo las cosas de antes o siendo la persona de antes me sentía como yo. Esa "vieja yo" vivía en una burbuja de inseguridad y duda, tenía muchas limitaciones por miedo al fracaso y a la opinión de las personas. De todo eso es de lo que me quería escapar. Quería cambiar y salir adelante, no quedarme estancada donde mismo. Todo parecía un acto porque quien era antes no reflejaba quien era en el presente o quien quería ser. Quien era hace años ya no existía. Vamos cambiando y madurando cada día, entonces era imposible ser y pensar como la persona que era años atrás. Nada de la forma en la que me veía a mí misma se sentía como una realidad o verdad. Todo seguía viéndose y sintiéndose como una farsa.

Nada se sentía como yo, nada se sentía real o auténtico. Llegué al punto de analizar cada parte de mi vida y mis decisiones, y me sentía decepcionada de mí misma. No me gustaba quién era en ese momento, pero tampoco me sentía como la persona que era antes. Hiciera lo que hiciera, seguía sintiendo ese vacío dentro de mí. Con los cambios que estaba haciendo, lo único que logré fue volver a mi zona de confort, o la que un día lo fue pero ya no lo era.

Aun ahí me sentía incómoda y como una extraña. Me sentía parada en un desierto donde no hay dirección o lugar de descanso. Me sentía frustrada porque no sabía cómo lograr sentirme completa. No sabía en la dirección en la que iba mi vida. Me sentía desesperada y asfixiada en mi propia vida. Nada tenía sentido. Aunque ya había comenzado con los cambios en mi vida, mis errores, pecados y pasado me seguían como una sombra a donde quiera que iba. Podía engañar a los demás pero no a mí misma. Mis memorias y pasado me atormentaban y aparecían a donde quiera que volteaba. Las heridas de mi corazón solo tenían una curita, un arreglo superficial y temporal.

Empecé a sonreír en automático, pero mis emociones estaban apagadas. Llegué a un punto donde ya no me sentía ni feliz ni triste, estaba en neutral, viviendo la vida como un afán. Estaba gritando a los cuatro vientos, buscando ayuda desesperadamente, pero todo en silencio, y como por fuera parecía una muñeca sonriente, nadie escuchaba mi clamor… o al menos eso parecía así, porque siempre hubo alguien escuchando.

LLENANDO EL VACÍO

Dentro de todo lo que estaba pasando en mi vida en ese momento, mi mirada seguía firme en lograr la fama y ese éxito con el que siempre soñé. Desde que tengo memoria siempre decía que quería ser cantante y eso se volvió más fuerte conforme fui creciendo. Toda mi familia y amigos que crecieron conmigo me escuchaban constantemente hablar sobre esto y era como que toda la gente que me conocía sabía que mis sueños estaban en el medio artístico. Como yo pensaba que el éxito me definía, desesperadamente lo quería lograr. Pensaba que la fama y el dinero por fin me harían feliz, porque sería aceptada por las personas y me daría la seguridad que anhelaba tener. Pensaba que si no lograba eso no sería nadie y que la gente pensaría que era un fracaso.

El vacío que sentía lo quería llenar con el éxito y la aprobación de la gente. Estaba firme en lo que quería lograr y mi mente estaba pensando en eso todo el tiempo. Llegaban momentos donde me estresaba, porque dentro de ese sueño yo sabía que tenía que estar al nivel de los demás para ser notada. Pasaba horas estudiando y observando las vidas de las personas que tenían el éxito que yo quería lograr, y pasaba mi tiempo preocupada por mi cabello, mi piel, mi ropa, cómo me veía, mis redes sociales y todo lo que tuviera que ver con la percepción de mi persona. Estar constantemente viendo lo que me faltaba y lo que no era hacía ese vacío dentro de mí más evidente, y comenzaba a escucharse el eco de mi soledad.

Durante este proceso de querer cambiar pero aun así lograr mis sueños, regresé a la iglesia, porque necesitaba de Dios. Honestamente llevaba una vida de religión superficial, pero no había dejado a Dios entrar realmente a mi vida. Mis oraciones consistían en lograr mis sueños y nada más. De cierta forma me estaba agarrando de ese sueño con todo lo que era. Mi vida estaba moldeada e influenciada por absolutamente todo lo que tuviera que ver con los medios y la sociedad. La opinión de las personas era mi estándar de vida y aunque sentía ese vacío y esa frustración, no sabía cómo salirme de ese círculo vicioso en el cual había estado por mucho tiempo. Literalmente todo lo que pensaba sobre mí, mi familia, la vida, el amor, las amistades y la felicidad, estaba moldeado por todo, menos por la verdad.

¿QUIÉN SOY Y A DÓNDE VOY?

Creciendo en un hogar cristiano y escuela cristiana, yo sabía sobre Dios, y por muchos años había sentido que tenía que entregar mis sueños a Dios y dejar mi "yo" a un lado para vivir el plan de Dios, pero había algo dentro de mí que simplemente no se podía desprender de la música y de este sueño en el cual había puesto mi identidad. Después de varios años de esta lucha interna, decidí a los 15 años seguir este sueño con todo lo que tenía. Esa decisión me llevó al punto al que llegue a mis 19, casi 20 años. Mi frustración de lograr mis sueños me acercó más a Dios, porque, aunque no tenía una relación con Él, sabía que era real y que estaba ahí. Ya había experimentado su presencia y aunque no sabía muchas cosas, nadie me podía negar su existencia.

En medio del caos que era mi vida, donde me sentía sola, triste y como que nadie me escuchaba, Dios estaba ahí, escuchándome, aun si yo no me daba cuenta. Estaba esperando el momento perfecto para abrir mis ojos. Tal vez necesitaba que estuviera en el punto más bajo en mi vida para poder por primera vez escucharlo, obedecerlo y entender lo que por mucho tiempo me quiso decir. Mientras seguía tratando de entender y encontrarme a mí misma, seguía en ese rumbo donde de una mano estaba tratando de sostenerme de mis sueños, y con la otra estaba buscando la mano y ayuda de Dios.

> QUERÍA A DIOS, PERO TAMBIÉN QUERÍA MI ÉXITO, NO QUERÍA SOLTAR NI LO UNO, NI LO OTRO.

Recuerdo que mis papás me recomendaron que viera la película de "Dios no está muerto", y no la quería ver porque pensé que sería una película histórica de mil años atrás. Después de unos meses, un fin de semana estaba aburrida y vi que estaba esa película en Internet. Decidí verla sin tener muchas expectativas de ella. Para el final, yo estaba de rodillas, llorando y entregando realmente mi vida por primera vez a Dios. Reconocí y entendí que en realidad no había hecho al Señor el Salvador de mi vida, no vivía una vida que reflejara mi creencia en Él. Vivía una vida para mí y decía que lo seguía a Él, pero realmente vivía para lo que yo quería. Cuando llegó esta revelación a mi vida, empecé a hacer aún más cambios; ya ese vacío que sentía se estaba haciendo más pequeño, pero aún seguía ahí.

Ahora estaba tratando de ver cómo Dios formaba parte de mis sueños. Quería seguir el mismo rumbo de vida, pero ahora con Dios a mi lado. Quería lo mejor de los dos mundos. Quería a Dios, pero también quería mi éxito, no quería soltar ni lo uno, ni lo otro.

Durante este tiempo de empezar a establecer una relación con Dios y conocerlo más, Él fue muy paciente conmigo en mi necedad. Aunque había hecho esa oración mil veces en la escuela dominical, por primera vez estaba completamente consciente de lo que estaba diciendo y creí cada palabra que salía de mi boca con todo mi ser. Había tomado la decisión más importante, que era aceptarlo y confesarlo como mi Salvador, pero no sabía lo que estaba por pasar en mi vida después de hacer esa confesión.

En manos del alfarero

"A pesar de todo, Señor, tú eres nuestro Padre; nosotros somos el barro, y tú el alfarero. Todos somos obra de tu mano" (Isaías 64:8).

A través de la Palabra de Dios aprendemos muchas cosas sobre su carácter y quién es Él, pero también aprendemos de otras personas que pasaron por cosas similares a nosotros y podemos apoyarnos de eso para salir adelante. Por ejemplo, la vida de los apóstoles nos enseña cómo debe ser la vida para todo aquel que quiere seguir a Jesús. No solo los apóstoles, pero cada persona que decidió seguir a Dios tuvo que pasar por un cambio de corazón, carácter y planes para conocer realmente a Dios y seguir su voluntad. Es como el matrimonio, aceptar un trabajo o entrar a la universidad. Decir "sí, acepto" no es el final, sino el comienzo de un proceso ya sea temporal o por el resto de la vida. Cuando le decimos que sí a Dios, le estamos diciendo sí a sus planes, propósitos y tiempos.

No sé si alguna vez has escuchado que Dios es un caballero. Esta es una frase que se usa para explicar que Dios no fuerza su lugar en nuestras vidas, sino que espera a que le digamos que sí, para entonces poder entrar y transformarnos. Si le digo a alguien que me ayude en mi casa, pero no le doy las llaves ni el permiso de entrar, entonces la persona no puede hacer nada, y lo mismo pasa con Dios. Por mucho tiempo estuve en esa situación, donde estaba peleando dentro de mí misma con darle todo a Dios, y después me frustraba porque pensaba que Dios no me escuchaba o que no hacía nada en mi vida. Lo que realmente estaba sucediendo es que le estaba diciendo a Dios que dirigiera mi vida, pero yo sostenía el volante. La verdadera transformación sucede una vez que le decimos que sí y le damos permiso de entrar y conducir.

UN PASO A LA VEZ

Muchas veces vivimos buscando resultados de la noche a la mañana. No nos gusta esperar, ni tampoco esforzarnos. Pero todo toma tiempo, especialmente lo que vale la pena. Una y otra vez escuchamos cómo podemos cambiar nuestra situación completa en tan solo tres días, o cómo si tomas una pastilla mágica por diez días tendrás el cuerpo que siempre quisiste, o si pones un aparato en el abdomen tendrás resultados sin tener que hacer ejercicio. Todos en algún momento u otro caemos en este tipo de mentiras porque queremos resultados rápidos, pero lo rápido no siempre es efectivo.

Algo que tenemos que comprender cuando se trata de los planes de Dios, es que Él tiene tiempos perfectos que no siempre los vamos a entender, e incluso nos podemos llegar a desesperar y frustrar ante la situación. Hubo momentos donde parte de mí quería darle dirección a Dios de lo que tenía que hacer en mi vida y cuestionaba sus tiempos y las circunstancias en las que me encontraba. Con el tiempo me di cuenta y aprendí que los planes de Dios son tan pero tan altos y tan buenos y perfectos que jamás podría entenderlos o siquiera pensar en ellos. Créeme que aunque todos queremos lo mejor para nosotros, nunca nuestros planes se podrán comparar con los de Dios.

En los momentos en que sientas que quieres tomar el control de la vida, o no entiendas la situación frente a ti, recuerda dos cosas:

1. Los planes de Dios son perfectos.

2. Él nunca llega tarde. Con esto, te comparto dos pasajes que me han ayudado en mi tiempo de frustración:

Isaías 55:8,9: *"Porque mis pensamientos no son los de ustedes, ni sus caminos son los míos –afirma el Señor–. Mis caminos y mis pensamientos son más altos que los de ustedes; ¡más altos que los cielos sobre la tierra!"*.

2 Pedro 3:9: *"El Señor no tarda en cumplir su promesa, según entienden algunos la tardanza. Más bien, él tiene paciencia con ustedes, porque no quiere que nadie perezca sino que todos se arrepientan"*.

Un paso a la vez es como llegaremos a la verdad de nuestra identidad y de quien es Dios. Cuando le dije que sí a Dios, pensé que ya ahí todo se tenía que solucionar, pero Dios tenía un hermoso plan en el que continúo viviendo cada día y en el que continuaré viviendo por la eternidad.

PERDÓN

Después de decir ese "sí" a Dios, yo quería todas las respuestas y el plan de mi vida escrito en papel. Pensaba que ya con eso estaba lista para dar el siguiente paso, pero había algo que yo no estaba contemplando dentro de los tiempos y planes de Dios para mí. Dentro de la paciencia que Dios me tuvo, crecí en confianza con Él. Empecé a platicar más con Él, contarle lo que sentía, lo que pensaba, con lo que batallaba, y simplemente me volví transparente ante su presencia. Le pedí perdón por las maneras en que le había fallado, por haberme alejado y por cómo lo había lastimado. Honestamente, desde la primera vez sentí su perdón, pero era como si yo no lo pudiera aceptar. Continuaba pidiéndole perdón constantemente, hasta que un día me lo explicó de la manera más sencilla.

En ese tiempo tenía una aplicación de devocionales diarios en mi celular. Cada día compartían una imagen padre con alguna frase o diseño y lo acompañaban de una reflexión/explicación. Un día, tocó el tema del perdón y usaron el Salmo 103:12: *"Tan lejos de nosotros echó nuestras transgresiones como lejos del oriente está el occidente"*. En la explicación decía que Dios no es como nosotros que decimos perdonar pero le recordamos a las personas constantemente.

Dios nos perdona y le da la espalda a nuestro pasado y a nuestro pecado, dándonos un perdón sincero y verdadero. Esto me hizo entender cómo Dios me había perdonado, y aunque no me era fácil de aceptar y comprender, cada día leía ese versículo para recordar esa verdad.

Entender que Dios me perdonaba no fue el fin de la historia, porque yo no me podía perdonar a mí misma y no me sentía digna de su perdón. Había crecido en la iglesia y conocía de Dios y aun así le había fallado, aun así me había ido por el camino equivocado y tomado malas decisiones. Me culpaba por cada consecuencia, error y desastre en mi vida y me sentía decepcionada y frustrada.

Se nos enseña que tenemos que pedir perdón a los demás cuando les fallamos, pero pocas veces nos enseñan que también tenemos que aprender a perdonarnos a nosotros mismos. En este tiempo que Dios me ha bendecido con una plataforma para hablar con muchos jóvenes, he notado cómo varios han pasado y están pasando por ese punto donde no se pueden perdonar y tampoco se sienten dignos del perdón de Dios. Por mucho tiempo yo vivía condenándome y dándome latigazos por mi pasado, y seguía atorada en el mismo punto y no podía avanzar. Para Dios fue importante que primero entendiera de su amor y misericordia antes de poder continuar.

LEVÁNTATE Y NO PEQUES MÁS

Alrededor de ese tiempo, mi familia y yo nos mudamos a San Antonio, Texas. Después de unas cuantas semanas empezamos a buscar una iglesia. Unas personas me invitaron a un grupo de jóvenes y decidí ir. Justo el fin de semana que fui tocó ir a otra iglesia, a un congreso. Durante ese evento, hubo un tiempo de ministración donde ciertos líderes se pararon al frente y extendieron la invitación de pasar adelante si alguien necesitaba oración. Decidí pasar, aunque no tenía una petición en específico; simplemente pasé. Tocó que la esposa del pastor orara por mí; cuando terminó de orar, me agarró de la mano y un poco nerviosa me dijo: "No sé por qué, pero siento decirte como Jesús le dijo a la mujer adúltera, *levántate y no peques más*" (Juan 8:11).

Ella no sabía nada de mí, era la primera vez que nos veíamos, pero Dios la usó para hacerme entender su misericordia. Ese día por fin pude recibir su perdón y permití que su misericordia inundara mi vida. Fue un evento que marcó mi vida, porque me mostró qué tan pendiente está Dios de mí, y cómo Él quería que yo tuviera esa seguridad de que me amaba, que me perdonaba y que no había absolutamente nada de mi pasado que pudiera impedir un futuro con Él.

Entender el perdón y misericordia de Dios fue clave y continúa siendo clave para mi vida. Yo no podía continuar porque seguía arrastrando el pasado. Iba caminando con la mirada hacia el frente, pero mi pasado jalando por detrás. Era necesario cortar con mi pasado para poner mi enfoque y energía en el presente y el futuro. Entender ese perdón de Dios y perdonarme a mí misma me dio la libertad de sentirme realmente como una criatura nueva. Había enterrado mi pasado por completo y estaba lista para el siguiente brinco en mi vida.

TÓMALO O DÉJALO

Las cosas estaban sucediendo un poco rápidas; empezaron a suceder cambios en mi vida, pero aun con todos estos cambios yo no entendía algo. Aunque me estaba acercando más a Dios, cambiado mi forma de vivir y estaba involucrada en la iglesia más que nunca, seguía enfocada en lograr los planes que yo tenía para mi vida. No podía soltar mis sueños. Tristemente, ponía mis sueños como prioridad, eran mi número uno.

Pensaba que seguir a Dios significaba que podía hacer cualquier cosa y seguir mis sueños siempre y cuando me mantuviera al margen. Esta mentalidad es una mentalidad tibia. La verdad de las cosas es que, si Dios creó todo, incluyéndonos a nosotros, y tiene planes y propósitos para nuestras vidas, entonces se trata de lo que Él ya ha establecido sobre nosotros. Cuando vemos la vida de los apóstoles, ellos aceptan seguir a Jesús y dejan absolutamente todo para seguirlo a Él. Dejan sus familias y trabajos para vivir un propósito más grande de lo que ellos podían pensar.

Muchas veces ponemos nuestra identidad en nuestros logros y éxitos, eso fue lo que hice yo. Pensaba que lograr mis sueños era todo, y que no había nada más que yo pudiera hacer en mi vida. Estaba dispuesta a dejar todo por Dios, excepto mis sueños, porque sin ellos no sabía quién era, porque pensaba que eso me definía y me daba valor como persona. Dentro de nuestra mentalidad humana, tendemos a pensar que nuestros planes son mejores que los de Dios. Creemos no haber nada mejor que lo que nosotros deseamos para nuestras vidas y que nadie nos conoce mejor a nosotros mismos. Queridos amigos, esto es incorrecto.

No sé si tú conoces la vida de Moisés. Es una larga historia que puedes leer en la Biblia si gustas, pero hay una parte de su vida que me llama mucho la atención. Dios lo había elegido para liberar al pueblo de Israel de la esclavitud de Egipto y llevarlos a la tierra prometida. Moisés no se sentía calificado o como la persona correcta y se negó muchas veces, pero a final de cuentas hizo caso a la voz de Dios. Pasaron distintos eventos durante el viaje a esa tierra prometida. En una ocasión, Moisés desobedeció y Dios le dijo que él no entraría a la tierra prometida (Deuteronomio 31:2). Aun sabiendo esto, Moisés continuó llevando al pueblo hasta aquel lugar. Moisés había entendido que no se trataba de él y sus planes, sino de Dios. Moisés pudo haber tenido mil planes para su vida, pero nunca iban a llegar al nivel de los planes de Dios. Deuteronomio 34:10 dice: *"Desde entonces no volvió a surgir en Israel otro profeta como Moisés, con quien el Señor tenía trato directo"*. Las grandes cosas que logró Moisés en su vida fueron porque no solo le dijo sí a Dios, también le dijo sí a sus planes.

> NO SABÍA QUÉ iba A SUCEdER, QUÉ PASARÍA CON mi vidA, pERO ESTAbA dispuESTA A CONOCER y vivir lA hisTORIA QUE Dios TENÍA yA pREPARAdA pARA mí.

Como Moisés, era mi tiempo de decidir si aceptaba los planes de Dios, o quería mis planes. Así que Dios puso las cartas sobre la mesa y me hizo tomar una decisión.

LUCKY SANTANGELO

Alrededor de tres meses después de entregar mi vida a Dios, en noviembre del 2015 salió un viaje familiar a El Paso, TX, una ciudad de Estados Unidos en la cual nací. Estaba planeada una celebración sorpresa para mi abuelita por sus 70 años a la cual acudiría toda la familia. Me tocó viajar sola ya que mis papás y hermano viajaron primero, entonces me llevé dos libros de ficción con los cuales estaba totalmente obsesionada. Trataban de la vida de Lucky Santangelo, una joven millonaria hija de un mafioso. En esos libros se habla de muchas cosas, pero la más prominente es lo que se mueve atrás de la fama, el dinero y el éxito.

Estaba sentada en mi segundo vuelo de conexión para llegar a mi destino, y mientras leía, Dios habló a mi vida de una manera que cambió mi mundo y lo volteó de cabeza. A través de lo que estaba leyendo, Dios me hizo entender que por el camino que yo iba me iba a encontrar con esos problemas que estaban narrados en el libro. Fue ahí donde empezó a revelarme varias cosas y me dijo que si yo decidía continuar por el rumbo que iba de seguir mis sueños, Él me iba a acompañar pero yo tenía que estar completamente enfocada en Él. Si yo quitaba la mirada de Él por tan solo un segundo, entonces caería, y lo que había debajo de mí era pura lava.

Fue algo tan rápido y profundo que no lo podría describir, pero fue en ese momento que entendí que estaba arriesgando todo por la fama y el éxito. Estaba arriesgando mi relación con Dios, con mi familia, mi integridad y mis valores. Entendí que el día que lograra todo no iba a tener nada. Estaba luchando y apostando todo por algo que no valía la pena y que la cima del éxito que tanto añoraba estaba vacía. Por primera vez, con completa convicción, en ese momento, en ese avión, oré y entregué a Dios lo último que me quedaba. No sabía qué iba a suceder, qué pasaría con mi vida, pero estaba dispuesta a conocer y vivir la historia que Dios tenía ya preparada para mí. Esa decisión la tomé con tanta convicción que los cimientos de mis montañas comenzaron a temblar. Era como si todo ese tiempo se hubiera estado formando un volcán y ahora estaba listo para explotar.

Soltando el pasado

"Porque yo sé muy bien los planes que tengo para ustedes –afirma el Señor–, planes de bienestar y no de calamidad, a fin de darles un futuro y una esperanza" (Jeremías 29:11).

Por muchos años había intentado entregar todo a Dios, pero pensaba que hacer eso significaría que no podría lograr nada en mi vida. Tenía tantos sueños, anhelos y retos que quería cumplir que no podía dejarlos ir. Estoy segura que no soy la única que ha pasado por eso. Hay muchos jóvenes e incluso adultos que piensan que dejar todo por Dios significa fracasar y no lograr nada. Esto nos muestra lo poco que conocemos a Dios. Tenemos un Dios creativo, bueno y con propósitos.

Lo que por años no podía entender, en ese avión Dios me lo hizo ver. No me dijo qué sería de mi vida o lo que lograría, no me dijo absolutamente nada, pero había una paz dentro de mí, y una seguridad de que estaba tomando la decisión correcta. Al llegar a casa después del viaje, borré el canal de YouTube que había construido por 5 años, borré todas mis cuentas de las redes sociales y todo lo que tuviera que ver con mi vida pasada. Sentí una libertad indescriptible, como si el peso de la vida hubiera desaparecido. No hubo duda dentro de mí al hacer esto, solo convicción. Fue el momento perfecto para sacar lo que me impedía seguir adelante. Tuve que cortar con lo que me separaba de los planes de Dios, así como lo había hecho con mi pasado.

Con todo mi ser quería la voluntad de Dios y me convertí en una hoja en blanco, le di la pluma a Dios y la libertad para que escribiera lo que le placiera. A diferencia del pasado, estaba lista para empezar de nuevo y esta vez no era yo la que dirigía, la que hablaba o planeaba. Esta vez solo estaba escuchando. No había obstáculo atrás o delante de mí. Estaba en posición lista para recibir la dirección de Dios y actuar sobre ella.

COLLAR DE PERLAS

Había una niña que tenía un collar de perlas de plástico, el cual era su favorito, lo llevaba a todas partes y nunca lo soltaba. Un día, su papá le pidió que le entregara ese collar sin dar explicación alguna. La niña llorando se negó a dárselo porque era lo mejor que tenía y no lo quería perder. El papá insistió tanto hasta que la niña devastada se lo entregó. Después de un tiempo, llegó el papá con una sorpresa. ¡Un collar de perlas de verdad!

Tal como la historia lo cuenta, tenemos que entregar nuestro collar antes de recibir algo mejor. A veces estamos tan acostumbrados a nuestro collar falso que realmente creemos que es de verdad y le damos un valor como si lo fuese. Aunque aparentemente creemos esto, dentro de nosotros sabemos que no es verdad; en consecuencia, tenemos inseguridades, miedos y llegamos a esa crisis de identidad. Si nos damos cuenta en la historia, el papá le da exactamente lo que a ella le gustaba, pero mejor. Lo mismo hace Dios en nuestras vidas. Cada sueño, talento y meta que tenemos ha sido diseñado por Dios. Cada uno de nosotros somos una creación original y única. Lo que a veces anhelamos tanto es porque ya estaba dentro de los planes de Dios para nosotros aun antes de nacer, pero el enemigo nos quiere desviar y nos distrae con el collar de perlas falsas, poniendo miedo dentro de nosotros de dejarlo ir. Esto lo hace para que no descubramos nuestro verdadero valor, identidad y propósito.

Como muchas personas, yo amaba mi collar de perlas y realmente pensaba que era lo mejor, lo más valioso y que no podía vivir sin él. Poco a poco Dios quitó la venda de mis ojos y pude ver las cosas por lo que realmente eran. Lo que creía que era como persona, lo que había establecido como mi identidad y propósito, tenían un fundamento falso. En ese momento no sabía cuál era la verdad si todo lo que había creído era incorrecto, pero estaba segura de que Dios no me iba a soltar una vez que dejara todo y me sostuviera de Él. Así que solté mi collar y le abrí paso a la verdad.

ENCONTRANDO EL CAMINO

Como no sabía lo que tenía que hacer, me enfoqué en buscar más de Dios. Me volví más devota a Él, comencé a leer la Biblia y pasar tiempo en oración. Fue un momento de redireccionar totalmente mi vida y mis sueños. Empecé a aprender más sobre Él, porque ya no se trataba de mí y lo que sentía y quería, sino que mi interés estaba en conocer más a Dios. Dentro de mi oración le pedía dirección en lo que tenía que hacer. Estaba dispuesta a hacer lo que fuera necesario, estaba lista para comenzar un nuevo camino con Él.

> **Así que agarré mi cámara, me senté frente a ella y abrí mi corazón sobre la vida que estaba viviendo antes, y cómo Dios me había hablado.**

Hay un versículo que lo repito demasiadas veces, pero es tan real y de cierta forma resume mi proceso de cambio de vida; éste se encuentra en Mateo 6:33 dice: *"Mas bien, busquen primeramente el reino de Dios y su justicia, y todas estas cosas les serán añadidas"*. A veces queremos los resultados sin pasar el proceso, pero todo tiene un orden y un tiempo. Primero se trata de Dios, de buscarlo a Él, de buscar su voluntad, y todo lo demás en su momento llegará. Entre más mi enfoque se ponía en Dios, más cambios y respuestas empezaron a surgir. Después de unos días de oración me vino la idea de compartir mi testimonio en un video en Internet, y abrir un nuevo canal con el nombre de "Encontrando el camino". Así que agarré mi cámara, me senté frente a ella y abrí mi corazón sobre la vida que estaba viviendo antes, y cómo Dios me había hablado.

CAUSA Y EFECTO

Con mi emoción sobre el gran cambio de mi vida y este nuevo proyecto en mi canal de YouTube, no estaba contando con que algo espiritual sucedería o qué momentos difíciles surgirían una vez que entregara todo a Dios. Me ha tocado escuchar que gente dice que cada vez que se quieren acercar a Dios sienten como que su vida empeora y se llena de ataques. Esto sucede porque el enemigo no quiere que nos acerquemos a Dios, no quiere que conozcamos la verdad, ni que seamos libres.

En el Capítulo 1 mencioné que existe un mundo espiritual y lo señalé con el versículo de Efesios 6:12: *"Porque nuestra lucha no es contra seres humanos, sino contra poderes, contra autoridades, contra potestades que dominan este mundo de tinieblas, contra fuerzas espirituales malignas en las regiones celestiales"*. Esto es algo que siempre debemos tener en mente, porque el mundo espiritual no es algo de vez en cuando, es una constante realidad, aunque no lo podamos ver.

Todo lo que hacemos tiene un efecto en la eternidad y en lo espiritual. Cuando el enemigo ve amenaza hacia sus planes, lanzará dardos y distracciones a nuestras vidas para desviarnos y desenfocarnos del camino. Con esto no debemos desanimarnos, sino verlo como que vamos por el camino correcto. Hay una cita de *Don Quijote* que dice: "Deja que los perros ladren, es señal de que avanzamos". Tanto en lo espiritual como en lo físico, recibiremos ataques cuando empezamos a avanzar y a obtener victorias sobre el territorio enemigo. Encontrar nuestra identidad es algo que el enemigo definitivamente no quiere que encontremos, porque una vez que la encontramos, absolutamente todas las cosas cambian y nos convertimos en su oponente.

GUERRA ESPIRITUAL

Estoy por contarte mi primer ataque espiritual fuerte. Todo esto no lo menciono para asustarte, sino para motivarte a continuar luchando en la adversidad. Batallas y guerras tendremos siempre, pero la victoria ya es nuestra en el nombre de Jesús. El día que subí el video de mi testimonio, para mí fue simple obediencia. Para el enemigo no fue un simple video, él sabía que había algo grande que sucedería después de eso, y no estaba muy feliz, así que uso su típica táctica de intimidación para detenerme, pero no funcionó.

Subí mi video una tarde de diciembre del 2015; en la noche de ese mismo día tuve una guerra espiritual. Estaba a punto de irme a dormir, pero sentía algo en mi cuarto y no era nada lindo. Empecé a orar para poder dormir, y por más que intentaba sentía algo en mi alrededor. Sentía como si hubiera algo colgándose de mi espalda y se sentía una presencia fuerte, al punto que me empezó a dar miedo. Así que como toda niña buena corrí al cuarto de mis papás. Mi papá estaba fuera de la ciudad, pero desperté a mi mamá y le conté lo que estaba pasando. Me ayudó a orar, pero seguía sintiendo eso, y no lo podía describir, no sabía qué era; de lo que estaba segura es que no venía de Dios. Después de un tiempo de orar, nos dormimos, y me quedé a dormir en su cuarto.

Mientras dormía tuve otro ataque a través de mis sueños. Hay algo que mucha gente llama "parálisis del sueño" y le dan una explicación científica, y aunque nunca he estudiado sobre el tema estoy segura que tiene que ver totalmente con lo espiritual. Alrededor de los siete años tuve este tipo de sueños, donde algo me atacaba con apariencia demoniaca, y en el sueño y en la realidad no me podía mover, no podía gritar, no podía hacer nada. Como había crecido en la iglesia, siempre había escuchado que hay poder en el nombre de Jesús, entonces siempre que me pasaba ese tipo de sueños repetía esas palabras, y en cuanto decía "en el nombre de Jesús", o tan solo pensar su nombre, despertaba y volvía a la normalidad.

La diferencia del ataque de esa noche es que fue más fuerte que cualquier otra cosa que me había pasado antes. Esta vez lo que me atacaba venía con mucha más fuerza y estaba literalmente encima de mí, atacándome. Era tan fuerte que no solo dije "en el nombre de Jesús", sino que empecé a hablar en lenguas mientras dormía, hasta que logré despertar y moverme.

LA CASA VACÍA

Hablar de lo espiritual puede tener distintas reacciones ya que hay personas que no creen en eso, o simplemente nunca lo han experimentado. En lo personal, siempre he creído en lo espiritual, pero con el enfoque en Dios; no había contemplado lo espiritual en cuestiones del mal o simplemente no le ponía mucha atención, y honestamente es un tema un poco tabú aun dentro de la iglesia ya que rara vez se llega a profundizar.

Al día siguiente del ataque en la noche, tuve que ir a trabajar. Recuerdo que estaba sentada en mi escritorio y sentía algo distinto. Ya no se sentía esa presencia, pero parecía como si algo de mi hubiera salido y estuviera vacía por dentro. Literalmente sentía como que el aire me atravesaba completamente. Nunca me había sentido de esa manera y no entendía el porqué.

Durante mi tiempo de trabajo puse música de adoración, y estaba orando cuando me vino a la mente los versículos de Mateo 12:43-45: *"Cuando un espíritu maligno sale de una persona, va por lugares áridos, buscando descanso sin encontrarlo. Entonces dice: 'Volveré a la casa de donde salí'. Cuando llega, la encuentra desocupada, barrida y arreglada. Luego va y trae a otros siete espíritus más malvados que él, y entran a vivir allí..."* Cuando entregué todo a Dios, rechacé todo lo demás del mundo. Esa noche salió mi vieja yo y le cerré todas las puertas en la cara y definitivamente no quería que volviera. Contemplando esa cita de Mateo, empecé a ayunar y a orar más para llenarme del Espíritu Santo. Alrededor de una semana continué sintiéndome así, como que todo me atravesaba, pero eventualmente volví a la normalidad.

Es importante tener en mente el tema de lo espiritual porque siempre está presente en nuestras vidas. Ya sea para con Dios, o con el mal, todo está en lo espiritual. Hay ocasiones donde contar esta historia causa temor en la vida de personas porque sienten que les pasará lo mismo, pero como ya lo mencioné, cuando entregamos nuestra vida a Dios, obtenemos la victoria. Un versículo para tener en mente es 2 Corintios 10:3-5: *"pues aunque vivimos en el mundo, no libramos batallas como lo hace el mundo. Las armas con que luchamos no son del mundo, sino que tienen el poder divino para derribar fortalezas. Destruimos argumentos y toda altivez que se levanta contra el conocimiento de Dios, y llevamos cautivo todo pensamiento para que se someta a Cristo".* Esta es una verdad que debemos llevar cerca del corazón cada día de nuestras vidas. Mi crisis de identidad no sería resuelta peleándome contra la sociedad, las personas o incluso conmigo misma. Para ver un cambio en la realidad, tenía que pelear en lo espiritual.

Rompiendo los ciclos

"El que habita al abrigo del Altísimo se acoge a la sombra del Todopoderoso. Yo le digo al Señor: 'Tú eres mi refugio, mi fortaleza, el Dios en quien confío'" (Salmos 91:1,2).

Después de subir mi primer video a las redes sociales, continué subiendo videos cada semana. Hablaba de lo aprendido en la semana y lo que Dios hablaba a mi vida. Realmente no tenía muy establecida la razón de hacer videos o a lo que quería llegar, simplemente quería hacer algo con propósito que apuntara a Dios y ayudar a otras personas que tal vez pasaban por mi situación. Después de hacer videos en internet por tres meses, se me dio la oportunidad de llevar "Encontrando el camino" a un programa de radio. Jamás en mi vida había entrado a una cabina de radio o grabado algo por el estilo, pero fue más mi emoción que el miedo, y acepté. Mientras tenía el programa de radio, abandoné mi canal y comencé a hacer videos en vivo en mi página de internet mientras transmitía el programa, y en cuestión de meses la audiencia comenzó a crecer.

Con todo lo que pasaba, me sentía por las nubes. Estaba feliz y pensaba que desde ese punto en adelante sería una línea derecha al éxito y eternidad. Realmente creí que ya todo caería en su lugar y que sería la persona que Dios me creó a ser. La verdad de las cosas es que la vida con Dios o sin Dios es la misma en el sentido de que hay altas y bajas. Seguir a Dios no hace la vida perfecta, ni resuelve las cosas mágicamente. La vida es como una montaña rusa que sube y baja, y hay distintas vueltas y velocidades. La diferencia de la vida con Dios es que ahora existe la seguridad de que Él nos sustenta, que no nos abandona y que todo obra para bien sin importar en qué parte de la montaña nos encontremos.

En mi felicidad e ilusión de lo que estaba pasando no estaba contemplando pasar por tormentas, y mucho menos encontrarme en situaciones que ya había pasado antes de entregar mi vida a Dios.

LO QUE SIEMBRAS COSECHAS

Es importante que nos autoanalicemos constantemente, para darnos cuenta de los patrones en los cuales vivimos. Si siempre obtenemos una clase de resultados es porque nuestras acciones, decisiones y actitudes nos llevan a ese resultado. Un ejemplo sencillo pero relevante son los inventores. Ellos hacen distintas pruebas y van ajustando su proyecto hasta obtener el resultado que buscan. Si algo no funciona, estudian lo que están haciendo y encuentran las fallas, las desechan y agregan lo necesario. Todo esto lo hacen hasta llegar al punto del resultado anhelado. Nuestra vida es muy similar a esto. A veces estamos acostumbrados a hacer las cosas de una misma manera y obtenemos los mismos resultados una y otra vez, y nos quejamos porque siempre pasa lo mismo, pero nunca hacemos algo distinto para cambiar esos resultados.

Entregar nuestra vida a Dios es un proceso de todos los días, ya que nuestras vidas deben ser transformadas, y eso no puede suceder de la noche a la mañana. Conforme pasamos más tiempo buscando a Dios, Él empieza a mostrarnos las áreas de nuestras vidas que tienen que ser removidas, otras ajustadas y otras agregadas.

Por un momento parecía que mi vida era perfecta y me sentía por las nubes. Estaba cerca de Dios, estaba súper involucrada en la iglesia y el proyecto en radio y redes sociales estaba creciendo. Todo iba bien, hasta que me encontré en medio del drama como muchas veces atrás. Aunque ya estaba con Dios, seguía tomando las mismas decisiones que me llevaban a resultados pasados. Me volví a encontrar con malas decisiones amorosas y en medio de malas amistades, dramas, chismes, inseguridades y dolor.

EN EL OJO DEL HURACÁN

Con las cosas negativas que sucedían en mi vida volvió a llegar la inseguridad, el dolor y la ansiedad. Llegué a momentos donde ya no podía dormir, me sentía sola y como que siempre me pasaban las mismas situaciones donde se hacían rumores sobre mí y gente los creía. Llegué a un punto donde estaba hablando de Dios y tratando de acercarme a Él, pero parecía que mi vida se encontraba otra vez rodeada de desastre. Mi corazón estaba roto, me sentía traicionada por quienes consideraba mis amigos, e incluso por la iglesia a la que asistía. Mi familia y yo decidimos cambiarnos de iglesia porque no paraba lo que estaba sucediendo, si no que se puso peor y ya me estaba afectando demasiado.

¿Quiénes son tus amigos? ¿Cuáles son tus pensamientos? ¿Cuáles son tus decisiones? ¿Cuáles son tus actitudes? ¿Qué consideras como verdad y de dónde la obtienes?

En mi tiempo de analizar mi vida me di cuenta que estaba pasando por problemas que ya había pasado antes porque seguía eligiendo al mismo tipo de amores, amistades y continuaba escuchando las voces equivocadas. Como estaba en ese ciclo vicioso, era imposible obtener resultados distintos al pasado. Si tú sientes como que constantemente te encuentras en el ojo del huracán y que te pasan cosas malas u obtienes el mismo resultado que no te gusta, es tiempo de ponerte a analizar tu vida. ¿Quiénes son tus amigos? ¿Cuáles son tus pensamientos? ¿Cuáles son tus decisiones? ¿Cuáles son tus actitudes? ¿Qué consideras como verdad y de dónde la obtienes?

A partir de ese año agridulce, empecé a orar más y más para que Dios arrancara lo que no venía de Él. Le pedía que transformará mi vida, la forma en la que vivía y veía las cosas.

Quería romper los ciclos que se habían apoderado de mi vida por tantos años, pero no era algo que pudiera hacer sola, necesitaba que Dios lo hiciera. A veces hay áreas de nuestras vidas que no nos damos cuenta que están dentro de un mal ciclo, y necesitamos que Dios venga y quite las vendas de nuestros ojos.

TODO OBRA PARA BIEN

Como lo he mencionado antes, a veces quisiéramos que nuestra vida fuera perfecta y no sentir dolor o pasar por momentos difíciles, pero eso es pedir algo imposible. La vida es difícil, hay injusticias, dolor y maldad. Pero aun todas las cosas malas Dios las puede agarrar para escribir una historia hermosa de sanidad, fe y esperanza.

Sin importar por lo que estuviera pasando me mantuve aferrada a Dios. En esos momentos donde parecía que mi vida era un desastre estaba confiando en que Dios tenía el control y que no me iba a soltar. Romanos 8:28 dice: *"Ahora bien, sabemos que Dios dispone todas las cosas para el bien de quienes lo aman, los que han sido llamados de acuerdo con su propósito"*. Esta es una verdad a la que me agarré con todas mis fuerzas. Amaba a Dios y estaba viviendo para Él; así que, aunque no entendía la forma en la que mi vida se estaba desenvolviendo, estaba segura que todo obraría para bien y que Dios tenía el control.

Crecer y madurar no siempre será lindo, a veces para seguir adelante tenemos que cortar con adicciones, personas, sueños o comodidades. El cambio puede doler, pero no quiere decir que no sea para bien. Es como cuando el músculo se tiene que desgarrar para crecer. Es un proceso doloroso, pero con resultados gratificantes. El otoño me hace pensar en la manera en que los árboles tienen que pasar por una temporada de perder todas sus hojas y después otra temporada de volver a tener fruto. No siempre entenderemos el porqué de las situaciones, o la manera en la que obra Dios en nuestras vidas, pero durante esos tiempos difíciles aprendí algo que me ayudará por el resto de mi vida, y es depender de Dios completamente, aunque el mundo se me caiga en pedazos.

SALMO 46

La razón por la cual a veces nos sentimos tristes, deprimidos, abandonados, que no somos suficientes, o como que el vacío que sentimos no se puede llenar con nada, es porque nuestra dependencia y esperanza están en las personas, circunstancias o posesiones materiales. Ponemos nuestro todo en tener a gente a nuestro alrededor, lo que la gente opina sobre nosotros, en que tan padre y espectacular se ven nuestras redes sociales, en que tanto hemos viajado o si tenemos una relación amorosa. De ninguna manera digo que estas cosas sean malas. Todas son buenas, pero no podemos ser dependientes de ellas para sentirnos felices o completos.

Lamento decirlo, pero la gente nos fallará en algún punto u otro. Nosotros también le fallaremos a otras personas e incluso a nosotros mismos. Hoy podemos tener dinero, y mañana no. Hoy podemos tener amistades que pensamos que durarán toda la vida, y mañana no. Hoy podemos tener a esa persona que creemos es el amor de nuestra vida y mañana no.

Hay muchas cosas que no están en nuestro control y que vienen por temporadas. Si nuestra dependencia surge de factores impredecibles e inconstantes, regularmente nos encontraremos cayéndonos en pedazos, sintiendo que el mundo se nos viene encima. Por mucho tiempo mi felicidad, identidad y seguridad se encontraba en estos factores temporales. Cuando llegué a ese punto donde sentía que estaba perdiendo todo, llegué al Salmo 46 y cambié la palabra "nuestro" por "mi", y lo hice mi himno personal de vida.

Dios es mi amparo y fortaleza,
Mi ayuda segura en momentos de angustia.
Por eso, no temeré,
Aunque se desmorone la tierra,
Y las montañas se hundan en el fondo del mar;
Aunque rujan y se encrespen sus aguas,
Y ante su furia retiemblen los montes.
Hay un río cuyas corrientes alegran la ciudad de Dios,
La santa habitación del Altísimo.
Dios está en ella; la ciudad no caerá.
Al rayar el alba Dios le brindará su ayuda.
Se agitan las naciones, se tambalean los reinos;
Dios deja oír su voz, y la tierra se derrumba.
El Señor Todopoderoso está conmigo;
Mi refugio es el Dios de Jacob.
Vengan y vean los portentos del Señor,
Él ha traído desolación sobre la tierra.
Ha puesto fin a las guerras

En todos los confines de la tierra;
Ha quebrado los arcos, ha destrozado las lanzas,
Ha arrojado los carros al fuego.
Quédense quietos, reconozcan que yo soy Dios;
¡Yo seré exaltado entre las naciones!
¡Yo seré enaltecido en la tierra!
El Señor Todopoderoso está conmigo;
Mi refugio es el Dios de Jacob.

La vida no es perfecta, es impredecible, y entendí que el único factor constante en mi vida era, es y será por siempre Dios.

TODO VA A EMPEORAR PARA MEJORAR

Encima de todo lo que estaba sucediendo en mi vida personal, lo que parecía un sueño hecho realidad se empezó a convertir en una pesadilla. Entre más aumentaba la audiencia, había más comentarios, y éstos no siempre eran buenos. Algunas personas me criticaban hasta los más insignificantes detalles, cómo me veía y lo que hacía. Siempre decimos que no debemos darle importancia a lo que opina la gente, y esto es algo cierto, pero es más fácil decirlo que hacerlo. Aunque ya había recibido críticas en el pasado, nunca había estado en esta posición donde gente que no me conocía realmente tuviera una opinión sobre mí, mi vida y lo que tenía o no tenía que hacer.

Por un segundo quité el enfoque de Dios y empecé a escuchar las opiniones de las personas, y eso hacía que mis inseguridades volvieran y tomaran control de mi vida. No quería que hubiera conflicto y quería que todo el mundo estuviera en paz, pero hiciera lo que hiciera la gente siempre tenía un comentario y algo por decir. Iba más allá de mi control. Ya había lidiado en mi pasado con situaciones similares, aunque no en la magnitud que ahora las vivía y honestamente no sabía cómo enfrentarlo. Siempre vemos lo bonito de todas las cosas, mas todo también tiene su lado negativo.

Como lo mencioné anteriormente, me encontré cayendo en los mismos ciclos del pasado, pero ahora del otro lado, o sea, con Dios. Mi vida estaba lejos de perfecta, pero en vez de derribarme, destruirme y alejarme de Dios, esta vez cada situación me hizo más fuerte y me acercó a Dios. Antes me importaba lo que la sociedad opinaba de mí, y esta vez me importaba lo que los "cristianos" opinaban y pensaban de mí; caí en el mismo error de antes. Me di cuenta que mi vida no estaba resuelta, no tenía todas las respuestas y todavía necesitaba un cambio en mi vida. Tenía el concepto erróneo de que ya mi vida sería linda y hermosa por seguir a Dios y no habría problema alguno. La verdad de las cosas es que cuando entregamos nuestras vidas a Dios, obtenemos acceso a todas las herramientas, verdades y todo lo necesario para luchar contra nuestros pensamientos, contra la sociedad y todo lo que nos ataca. Tener acceso a esas herramientas no significa que nos las dan en la manita sin tener que movernos o esforzarnos. Obtener ese acceso nos da esa posibilidad a herramientas, verdades, esperanza, redención, propósito e identidad, a las cuales antes no teníamos acceso. Efesios 6:13-17 habla sobre esas herramientas/armadura espiritual:

*"Por lo tanto, pónganse toda la armadura de Dios,
para que cuando llegue el día malo puedan resistir
hasta el fin con firmeza. Manténganse firmes, ceñidos
con el cinturón de la verdad, protegidos por la coraza
de justicia, y calzados con la disposición de proclamar
el evangelio de la paz. Además de todo esto, tomen el
escudo de la fe, con el cual pueden apagar todas las flechas
encendidas del maligno. Tomen el casco de la salvación
y la espada del Espíritu, que es la palabra de Dios".*

Es necesario buscar y encontrar la verdad para aplicarla a nuestras vidas e ir luchando contra cada ciclo, máscara y patrón. Con la ayuda de Dios pude darme cuenta de la transformación que mi vida realmente necesitaba. Mi crisis de identidad no había sucedido porque sí, varias áreas de mi vida, decisiones y experiencias me habían moldeado e influenciado a ser quien era. En ese momento que me encontré atrapada en los mismos patrones, me di cuenta que debía hacer algo distinto, y empecé a orar sobre áreas en específico de mi vida que me habían influenciado hacia mal.

Cuando empecé a sanar cada área y ver las cosas desde una perspectiva conforme a Dios, no solo mi mentalidad comenzó a cambiar, sino que también mi personalidad, vida y resultados. Todo eso me llevó a verme por quien fui creada a ser, y encontrar esa identidad y propósito que tanto buscaba.

¿De dónde obtienes tu verdad?

"y conocerán la verdad, y la verdad
los hará libres" (Juan 8:32).

Entregar nuestra vida a Dios es la decisión más importante que podemos tomar en nuestras vidas, pero eso no se detiene en nuestra fe y confesión de que Jesús es el Hijo de Dios, que murió y resucitó. Se requiere establecer una relación con Dios y conocerlo más día a día. Al comienzo del libro hablé sobre el pecado y cómo separó a la creación del Creador desde el principio. Debido a que esta separación sucedió, muchas cosas se perdieron en el camino, pero gracias al sacrifico de Jesús al morir todas estas cosas pueden ser restauradas.

Debido a que por mucho tiempo creía en Dios mas no tenía una relación con Él, todo lo que para mí era considerado verdad había sido establecido por personas de mi alrededor, mi familia, cultura y experiencias. Al decir esto me refiero a que lo que para mí era verdad, no era la verdad de Dios. Hay muchas cosas dentro de nosotros que fueron creadas, moldeadas y afectadas, ya sea positiva o negativamente, por algún comentario o situación por la cual llegamos a pasar. La forma en la que pensamos, vemos la vida, nos vemos a nosotros mismos, actuamos y reaccionamos son resultados de todo aquello que consideramos verdadero.

En mi vida personal me di cuenta que los resultados que estaba obteniendo no eran buenos. También estaba segura que eso no era lo que Dios quería para mí. Entre más oraba y leía la Palabra, fui encontrando verdades que me ayudaron a desenmascarar las mentiras de mi vida y romper esos ciclos que me llevaban a resultados negativos.

Hay tres áreas en específico que note que influenciaban completamente mi vida y mi identidad. Estas tres áreas son: amistades/sociedad, noviazgos y los medios de comunicación. Cada una de ellas me afectó de maneras negativas por las mentiras que consideraba verdades. Aunque después de entregar todo a Dios mi vida ya era distinta y había cambios muy notables, había ciertos patrones que se continuaban repitiendo y tuve que detectarlos para que se arrancaran de raíz.

CONSTRUYE EN MÍ

En lo personal siento que Dios nos puede hablar a través de absolutamente todo, solo es cuestión de poner atención. He tenido ciertas revelaciones y aprendizajes limpiando, comiendo, caminando y haciendo las cosas más cotidianas.

Unos meses atrás fui voluntaria ayudando a limpiar un terreno donde querían construir una cocina y cuartos para hacer retiros juveniles y poderlo prestar a las iglesias para sus eventos. Para esto, mi equipo se encargaba de arrancar hierba y todo lo que estuviera estorbando para que la construcción pudiera llevarse a cabo.

El domingo asistimos a la iglesia de aquel pueblo donde estábamos como voluntarios. Durante el servicio, en el tiempo de alabanza, cantaron una canción que decía "construye en mí". Con mucha fe yo estaba repitiendo estas palabras, diciéndole a Dios que construyera en mí, y en ese momento me dijo algo que cambió mi perspectiva. Así como en aquel terreno, nosotros debíamos arrancar todo lo que no era "bueno" para poder construir sobre él, también de nuestras vidas es necesario arrancar todo lo que estorba para que Dios pueda construir.

> **YA SE HABÍAN ARRANCADO MUCHAS COSAS SUPERFICIALES; ERA TIEMPO DE IR A LO PROFUNDO. DETRÁS DE CADA PROBLEMA HAY UNA RAÍZ QUE SE TIENE QUE IDENTIFICAR Y ARRANCAR.**

En aquel terreno había cosas superficiales que en segundos se podían limpiar, pero había otras que tenían unas raíces tan profundas que tomaba más tiempo y esfuerzo para poder arrancarlas. Fueran superficiales, profundas, pequeñas o grandes, el terreno debía estar completamente limpio para poder comenzar algo nuevo y con propósito. Exactamente eso tiene que suceder en nuestras vidas; pero no es algo que podamos hacer solos, Dios es el que muestra lo que tiene que ser arrancado, y no lo quita por encima, va a lo profundo para hacer un cambio permanente.

Como ese terreno, Dios empezó a iluminar áreas de mi vida para arrancar todo aquello que me cegaba y detenía, para que realmente mi vida pudiera ser transformada y la voluntad de Dios establecida. Ya se habían arrancado muchas cosas superficiales; era tiempo de ir a lo profundo. Detrás de cada problema hay una raíz que se tiene que identificar y arrancar. De las tantas dudas, inseguridades y conflictos en mi vida, se encontraba una raíz profunda en áreas tan comunes que nunca lo hubiera imaginado.

AMISTADES: SOCIEDAD

En lo personal llegué a un punto donde me importaba demasiado lo que la gente opinara de mí. Dios me mostró que tenía miedo al rechazo, y eso causó ciertas inseguridades dentro de mí. Siempre sentía que debía verme y ser de cierta manera para obtener validación de los demás. Por esa mentalidad no era yo misma, sino que trataba de moldearme a las opiniones y estándares de mi alrededor. A veces, por querer ser aceptados por el grupo de personas equivocado, sacrificamos nuestros valores, nuestra integridad y ponemos en riesgo nuestra identidad.

En la Biblia, en el libro de Daniel, se cuenta la historia de Daniel y sus tres amigos. Ellos eran hijos de Israel y del linaje real. Ellos fueron convocados por el rey Nabucodonosor, que era el rey de Babilonia. Al llegar a su destino lo primero que les hicieron fue cambiarles sus nombres y tratar de mezclarlos con los demás. Sin importar los cambios que le quisieran dar, Daniel sabía exactamente quién era, en lo que creía y a quien servía, como dice Daniel 1:8: *"Pero Daniel se propuso no contaminarse con la comida y el vino del rey..."*. Para Daniel era más importante su relación con Dios, sus valores e identidad, que la aprobación de las personas.

Constantemente la sociedad y nuestras amistades van a tratar de influenciarnos y meternos en la misma caja que a todos, porque es la moda o lo establecido como aceptable. Como hijos de Dios no debemos tener miedo de ir en contra de la corriente, y ser exactamente quien Dios nos ha llamado a ser, porque no es necesario ser como los demás. Romanos 12:2 dice: *"No se amolden al mundo actual, sino sean transformados mediante la renovación de su mente. Así podrán comprobar cuál es la voluntad de Dios, buena, agradable y perfecta"*.

Para conocer nuestra identidad es necesario sacar todas las mentiras, ideas y comentarios del mundo, para que nuestra mente pueda ser renovada. Dios es creativo y auténtico, cada persona fue creada distinta, con talentos, potenciales y propósitos que solo se pueden cumplir siendo original. En la historia de Daniel y sus amigos, podemos ver cómo ellos se encontraban en el dilema de que lo establecido era una cosa, y lo que ellos sabían que tenían que hacer era otra. Debido a esto, siempre iban en contra de todo lo establecido por aquel rey.

Ser diferente puede causar que la gente nos rechace, nos critique, intente hacernos sentir menos, entre muchas cosas más. Sé que esto no es agradable, pero eso no puede ser nuestro estándar de vida o lo que dirige nuestras decisiones. Hay algo que mi mamá siempre me decía desde pequeña, "no porque te digan perro, quiere decir que seas uno". No porque el mundo nos diga mentiras, quiere decir que las tenganos que aceptar como verdades. Las palabras de los demás tienen el poder que nosotros les permitimos tener. Lo que tendrá fruto en nuestras vidas será lo que alimentemos. Podemos alimentar las voces de la sociedad o podemos alimentar la voz de Dios. Esto determinará los resultados de lo que pensamos, vivimos y creemos. La verdad de las cosas es que no necesitamos la aprobación de nadie para saber quiénes somos. Nuestra autoestima, aceptación y felicidad no pueden estar en si somos aceptados por las personas o no. Que algunas personas nos rechacen no quiere decir que seamos unos rechazados y fracasados. Sé que no es lo más lindo que la gente te trate mal, te critique, haga chismes de ti y te molesten, créeme, lo he vivido. Pero así como hay gente que te va a tratar de destruir, hay gente que te ayudará a crecer, y lo más importante, está Dios que ya nos ama, acepta y nos llama suyos.

A veces queremos cambiar quienes somos para ser aceptados por los demás. Empezamos a regular quienes somos como personas para caber en el estereotipo de otras personas y comprobarles nuestro valor. Lo que provoca esto es confusión de quienes somos, y por eso llega un momento donde parece que cambiamos como los vientos. Queremos cambiar para ser aceptados por gente que no se acepta a sí misma. Si no nos aprendemos a amar y aceptar por quienes somos, la opinión de las personas no será de mucho uso.

No sé si alguna vez has escuchado la historia de cuando Jesús fue tentado por Satanás; esto se encuentra en Mateo 4:1-11. Para resumir la historia, el enemigo le dice a Jesús 3 veces *"si eres el Hijo de Dios"*, y prosiguió diciéndole que hiciera ciertas cosas para comprobar su identidad. El enemigo tratará de hacernos dudar de nuestra identidad a través de comentarios de otras personas. El enemigo trató de tentar a Jesús y hacerlo tambalear sobre si era realmente el Hijo de Dios y si tenía el poder y autoridad que se le había establecido. Jesús no cayó en su trampa, sino que se mantuvo firme y logró esto porque sabía quién era Dios, quién era Él y qué decían las Escrituras. Jesús no tenía la necesidad de recibir la validación de nadie más que la de Dios. Al igual nosotros, no tenemos que comprobar y convencer al mundo de quien somos para que sea verdad lo que Dios ya nos ha dicho que somos.

NOVIAZGO

Creo que toda la gente quiere sentirse amada y tener a esa persona especial. Admito que lo he deseado, soñado y hasta orado. Hoy en día veo el amor y romance desde una perspectiva totalmente distinta, en comparación con años atrás. Erróneamente tenemos el concepto de que necesitamos a alguien para sentirnos bien físicamente, completos, felices y amados. Todo esto surge de la idea que tenemos de "la media naranja", donde encontramos a esa persona que nos completa. La verdad de las cosas es que nada ni nadie nos puede completar, sino que nos puede complementar.

Por años puse mucho peso en la opinión de los hombres sobre mí. Anhelaba tanto ser aceptada y amada como los cuentos de hadas, lo que permitía que me devaluaran y me trataran como nadie se merece. Tenía ese vacío dentro de mí que creía sería lleno con el amor de una persona especial.

Debido a que no tenía mi identidad en Dios y me sentía insegura, pensaba que la opinión de los demás definía mi valor. En consecuencia, cambiaba quien era para lograr ser aceptada y amada por alguien más. No podía estar más lejos de la verdad. Lo primero que debemos entender del amor es su significado. El amor no son los cosquilleos en la panza, no es un sentimiento, no es un cumplido o regalos. Todas esas cosas son pasajeras, y el amor verdadero no es pasajero.

"El amor es paciente, es bondadoso. El amor no es envidioso ni jactancioso ni orgulloso. No se comporta con rudeza, no es egoísta, no se enoja fácilmente, no guarda rencor. El amor no se deleita en la maldad, sino que se regocija con la verdad. Todo lo disculpa, todo lo cree, todo lo espera, todo lo soporta. El amor jamás se extingue, mientras que el don de profecía cesará, el de lenguas será silenciado y el de conocimiento desaparecerá" (1 Corintios 13:4-8).

Es importante entender que Dios nos amó primero, y su amor es verdadero y para siempre. Que la persona que te gusta te rechace, no te quita tu valor. Que quien creías era el amor de tu vida, con quien duraste años en una relación, ya no quiera estar contigo, no te quita tu valor. Ningún factor terrenal nos puede quitar nuestro valor o el amor que Dios tiene por nosotros. Romanos 8:38,39 dice:

"Pues estoy convencido de que ni la muerte ni la vida, ni los ángeles ni los demonios, ni lo presente ni lo por venir,

ni los poderes, ni lo alto ni lo profundo, ni cosa alguna en toda la creación podrá apartarnos del amor que Dios nos ha manifestado en Cristo Jesús nuestro Señor".

La muerte de Jesús logró reconciliarnos con Dios, y eso lo debemos tener bien claro en nuestras cabezas. No es por lo que hagamos sino por lo que Él ya hizo. Cuando aceptamos, entendemos y creemos en el amor que Dios tiene por nosotros, realmente estamos completos.

El amor de Dios es profundo, bueno, perfecto, incondicional y eterno. No hay mejor amor que el de Él. Es nuestro Padre, amigo, consejero y consolador. Es nuestro todo. En el momento que somos llenos del amor de Dios, ya no buscamos ese amor en una pareja para sentirnos completos o aceptados, sino para amarlos de la manera que Dios nos ama. Ya no amamos buscando algo a

> **Vivimos EN una sociedad QUE ESTÁ compitiendo CONSTANTEMENTE, poniendo estándares de lo QUE debe ser y lo QUE NO.**

cambio, sino que amamos para dar, servir, cuidar y respetar a una persona hasta que la muerte nos separe. El amor que damos se convierte en un reflejo del amor de Dios por nosotros, y no el reflejo de una emoción pasajera.

MEDIOS DE COMUNICACIÓN

Vivimos en unos tiempos donde los medios de comunicación están más fuertes que nunca. Con esto viene toda la influencia de lo que consideramos aceptable y lo que añoramos ser. Desde una edad muy temprana yo permitía que los medios de comunicación fueran los que establecieran el estándar de lo que tenía que ser mi vida. Esto fue un error muy grande, porque los medios cambian cada cierto tiempo dependiendo de lo que esté de moda. Cuando aceptamos esto como nuestra verdad y fundamento, nos encontraremos tambaleando y cambiando cada 5 segundos. Las modas vienen y van. La fama viene y va. El dinero viene y va. Si ninguno de estos factores es constante, ¿cómo podemos darles la tarea de darnos algo estable y permanente?

Para mí fue muy difícil, y a veces sigue siéndolo, el callar las voces de los medios y no permitir que me influencien sobre lo que tengo que ser o cómo me tengo que ver. Por muchos años me sentía insegura, como que no era suficiente y que tenía que cambiar porque no era lo que los medios decían que tenía que ser. Sé que eso suena un poco infantil, pero la realidad es que la mayoría de la gente está influenciada por los medios aun si no se dan cuenta. Vivimos en una sociedad que está compitiendo constantemente, poniendo estándares de lo que debe ser y lo que no. Venden una falsa propaganda de ser tú mismo cuando en realidad tienen parámetros inalcanzables aun para ellos mismos. El mundo dice "se tú mismo, pero no te salgas de las líneas, y serás aceptado". En ese mundo donde escuchaba "sé tú mismo" fue donde más críticas, confusión y depresión encontré, porque realmente no quieren que seas tú mismo, sino que te adaptes y quepas en lo que ellos ya han establecido.

¿CUÁL ES TU FUNDAMENTO?

Por mucho tiempo, como lo mencioné, todos esos factores eran el fundamento de mi verdad, y necesitaba cambiarlo porque me estaba cayendo en pedazos. Cuando nuestro fundamento no está en Dios, viene cualquier viento y nos empezamos a tambalear. Mateo 7:24-27 dice:

"Por tanto, todo el que me oye estas palabras y las pone en práctica es como un hombre prudente que construyó su casa sobre la roca. Cayeron las lluvias, crecieron los ríos, y soplaron los vientos y azotaron aquella casa; con todo, la casa no se derrumbó porque estaba cimentada sobre la roca. Pero todo aquel que me oye estas palabras y no las pone en práctica es como un hombre insensato que construyó su casa sobre la arena. Cayeron las lluvias, crecieron los ríos, soplaron los vientos y azotaron aquella casa. Esta se derrumbó, y fue grande su ruina".

Para mí, la opinión de la gente y su aprobación eran mi fundamento. Al no ser eso algo estable o constante, todo me afectaba, me movía y me tumbaba. Llegó el momento que decidí hacer a Dios mi fundamento y absolutamente todo cambió. Honestamente hay gente que logra hacer esto muy fácil, y a otros nos toma un poco más de tiempo. Yo entendía y sabía en mi cabeza que quien me definía era Dios, quien me debía preocupar era Dios y quien me daba mi valor era Dios. Y estoy segura que ya has escuchado esto antes. El problema era que realmente no lo entendía. No sabía dentro de mí esta verdad y por más que intentaba seguían viniendo vientos, que aunque ya no me influenciaban como antes me seguían tambaleando y era una constante lucha.

Cuando permitimos que la verdad de Dios sea nuestra verdad, nuestra vida está sobre la roca. Esto no quiere decir que sea fácil. Seguimos en un mundo donde hay de todo, pero la diferencia es que ya no estamos de un lado a otro y, aunque nos empujen los vientos, no nos derribarán. Dios es constante y su Palabra no cambia. Él nos llama sus hijos, Él nos da un valor eterno y no temporal. Por eso es importante conocer sus verdades y permitir que Él sea la roca de nuestras vidas. Así, cuando vengan las dudas, ataques y comentarios, entre otras cosas, nos podemos mantener firmes. No se trata de tener toda la información correcta en nuestras cabezas, sino establecer una relación con Dios, para conocer su verdad y comenzar a vivirla. El primer paso es entregar todo a Dios, pero como lo mencioné antes, ahí no termina todo, sino es donde comienza. Después de esto es momento de empezar a cambiar el fundamento de nuestras vidas y renovar completamente nuestra mente y lo que sostenemos como verdad.

CAPÍTULO 7

El poder de la mente

"Porque mis pensamientos no son los de ustedes, ni sus caminos son los míos –afirma el Señor. Mis caminos y mis pensamientos son más altos que los de ustedes; ¡más altos que los cielos sobre la tierra!" (Isaías 55:8,9).

Para empezar con el fundamento correcto en nuestras vidas tenemos que identificar todas las mentiras, desenmascararlas, y llenar ese hueco con la verdad de Dios. Cada mentira en nuestras vidas llega por un pensamiento, o por algo que escuchamos que termina convirtiéndose en un pensamiento. Por diferentes áreas de nuestras vidas nuestra identidad va siendo ocultada de nosotros mismos. Todas las mentiras que escuchamos acerca de quién tenemos que ser y lo que tenemos que hacer con nuestras vidas, nos hacen cobardes. Nos mantenemos al margen de lo aprendido que debemos ser, que no nos atrevemos a vivir quien fuimos llamados a ser. Por mucho tiempo viví siendo una cobarde, y ahí fue donde mi identidad se perdió.

Hace unos días me reencontré con un versículo que lo había escuchado y repetido mil veces, pero esta vez algo surgió dentro de mí. 2 Timoteo 1:7 dice: *"Pues Dios no nos ha dado un espíritu de timidez* (miedo), *sino de poder, de amor y de dominio propio"*. El miedo es lo que constantemente me ha detenido en la vida. Por miedo no he tomado riesgos y oportunidades. Por miedo permití que inseguridades y ansiedades tomaran control de mi vida. Por miedo no he alzado la voz cuando era necesario. Por miedo no he vivido la vida que me corresponde. El miedo es una mentira que alimentamos y se vuelve tan grande que comienza a moldearnos y empezamos a conformarnos con quien el miedo nos ha dicho que somos. ¡Pero buenas noticias! Dios venció al miedo, venció a la oscuridad, venció a la muerte, venció las cadenas, y venció al pecado.

Dios estableció nuestra identidad y propósito antes de nacer. Él nos dio la vida, Él nos da el poder, y el enemigo nos da sus mentiras. Hay una parábola china que dice que dentro de nosotros viven dos lobos: uno blanco y uno negro. El blanco representa todo lo bueno y el negro todo lo malo. El que gana dentro de nosotros es el que más alimentemos. Aunque literalmente esto no es cierto, sí está en lo correcto que lo que alimentamos es lo que termina dando fruto en nuestras vidas.

¡RENUEVA TU MENTE!

Es necesario dejar ir lo que hemos tomado como verdad e identidad para poder empezar de nuevo conforme a lo que

Dios dice en su Palabra. Digo, *a final de cuentas Él es el autor de la vida*, ¿cierto? Hay un poder tan fuerte en nuestra mente y a veces no nos damos cuenta. Un pensamiento se puede convertir en una acción. Lo que pasa en nuestra mente es reflejado en nuestras vidas de maneras distintas. Si piensas que la vida no vale nada, eso se convierte en tu realidad y verdad y puede llevarte al suicidio. Si piensas que no eres atractivo y que nunca nadie te haría caso, probablemente te volverás inseguro y empezarás a aislarte de las personas.

Nuevamente podemos volver al versículo de Romanos 12:2, tenemos que permitir que nuestra mente sea renovada para poder conocer la voluntad de Dios que es buena, agradable y perfecta. Sé que es más fácil decirlo que hacerlo, ¡pero no es para nada imposible! Cuando empezamos a cambiar nuestros pensamientos y empezamos a analizar más las situaciones y pensar en cosas que nos edifican, nuestros resultados empiezan a cambiar.

Antes era súper insegura, sentimental, lloraba por todo, todo me lastimaba, vivía en constante melancolía, me hacía escenarios en la cabeza de cosas que todavía no sucedían y jamás sucederían y les daba el poder de afectar mis decisiones. Me comparaba con las demás personas, no me sentía lo suficientemente bonita, me sentía inferior, entre mil ochocientas cosas más. A través de mis pensamientos, permitía ser atacada y me volvía mi propia enemiga, porque no me aceptaba y no me valoraba por quien era. Constantemente tenía el pensamiento de que no era suficiente en muchas áreas de mi vida, y eso terminaba definiendo mis resultados.

Sé que ya estoy bombardeando aquí con versículos de la Biblia, pero es la realidad de lo que abrió mis ojos a mi verdadera identidad y lo que continúa ayudándome a pelear cada batalla. Filipenses 4:8 dice: *"Por último, hermanos, consideren bien todo lo verdadero, todo lo respetable, todo lo justo, todo lo puro, todo lo amable, todo lo digno de admiración, en fin, todo lo que sea excelente o merezca elogio"*. No todo lo que viene a nuestra cabeza tiene que ser aceptado, tenemos que analizar lo que pensamos y rechazar lo que no nos hace bien. Nuestra mente no debe controlarnos, sino que nosotros debemos tomar control de nuestros pensamientos.

LA COMPARACIÓN ES TU PEOR ENEMIGO

Juan 8:44 dice: *"Ustedes son de su padre, el diablo, cuyos deseos quieren cumplir. Desde el principio este ha sido un asesino, y no se mantiene en la verdad, porque no hay verdad en él. Cuando miente, expresa su propia naturaleza, porque es un mentiroso. ¡Es el padre de la mentira!"*. Este versículo resume la identidad del enemigo. ¡Es un mentiroso! Con esto en mente, tenemos que entender que el enemigo es enemigo de Dios, y si nosotros queremos seguir a Dios también es nuestro enemigo.

Una mentira que constantemente permitimos entrar a nuestras vidas es la comparación. ¿Cuantas veces no volteamos a ver la vida de alguien más y desearíamos cambiar algo de la nuestra para sentirnos plenos y felices? Por mucho tiempo viví de esa manera, sintiendo que no era suficiente, que tenía mucho por cambiar, que tenía que tener los logros de otras personas y que mi vida se tenía que ver de cierta manera. Nuestra mente necesita ser renovada para poder ver con claridad. Hay un error tan pero tan grande cuando empezamos a ver alrededor y nos comparamos, porque nunca seremos como alguien más. Tendemos a vivir tan inconformes con quiénes somos, cómo nos vemos y lo que tenemos, que nos cegamos a lo maravilloso que fuimos creados.

Exactamente de la forma que tú eres, cómo te ríes, tu cabello, tu color de piel, cada aspecto de ti, incluso lo que ves como imperfección, es lo que te hace único y especial. Hace un tiempo platicaba con alguien y me preguntó que si estaba creada perfectamente. Antes de contestar, en mi mente empecé a contar todos los defectos que yo tenía o lo que veía en mí que me gustaría cambiar, pero antes de poder contestar, la persona contestó y me dijo: "sí, no te falta nada, tienes todos los órganos necesarios, estás completa, estás creada perfectamente". Esto me hizo pensar en la perfección de la obra que Dios ha hecho en cada ser humano, en cada creatura, en absolutamente todo lo que está en el planeta, y cómo con el tiempo la humanidad ha creado estándares distintos a los de Dios, juzgando y dando una calificación de acuerdo con el nuevo estándar de perfección. Dios nunca nos creó para caber en el estándar del mundo, por eso constantemente sentimos que no somos suficientes, porque nos estamos viendo en el espejo equivocado.

Creo que todos en algún momento nos hemos visto al espejo y notado cosas que nos gustaría cambiar porque no somos "perfectos" o no nos vemos como lo que consideramos aceptable, y a veces lloramos y nos quejamos contra Dios por la manera en la que nos creó, que no estamos atractivos, y mil y una quejas. ¡He ahí la necesidad de renovar nuestra mente! Fuimos perfectamente creados y aun lo que vemos como imperfecto Dios lo ve como perfecto. Tal vez pienses que no es verdad y que solo digo palabras, pero créeme que tal como eres estás perfecto.

MONEDA DE ORO

La mentira más grande viene de la necesidad de ser aceptados por los demás, porque eso causa el miedo a ser rechazados, y en consecuencia nos detiene de ser nosotros mismos. Tengo que admitir que ese era mi miedo más grande y con algo que lucho de vez en cuando. Desde una temprana edad me volví insegura y dependiente a la aceptación de las demás personas. Cuando alguien me rechazaba, me sentía mal, porque pensaba que no era suficiente o que había algo malo en mí. Mis papás me decían constantemente que no era moneda de oro para agradarle a todas las personas. La verdad de las cosas es que no toda la gente nos va a aceptar, por lo tanto eso no nos debe desanimar. Por ese miedo al rechazo a veces nos moldeamos a los demás, para no sobre salir, y vamos ocultando quien somos, por ser como los demás. Esto causa que veamos como imperfección todo aquello que la gente

> **Las personas fuera de los estereotipos son las que logran hacer una diferencia. Tenemos la errónea idea de que ser diferente es algo malo, cuando en realidad es lo que nos hace especiales.**

señala. Algo que he aprendido, y continúo aprendiendo, es que todo lo que vemos como imperfecto, es lo que nos hace ser diferentes y nos hace sobresalir.

Para poder entender y comprender quien somos, tenemos que dejar el miedo atrás. Hay muchos ejemplos de diversas personas que podría mencionar, pero me gustaría contarte sobre dos personas que ante la sociedad son "imperfectas" pero eso es lo que los hace únicos, y lo que los llevó a hacer un impacto más grande a que si hubieran sido como los demás.

Lizzie Velázquez fue nombrada "la mujer más fea del mundo" en un video del 2006, debido a su condición única. Ella pudo haber dejado que esto la tumbara por el rechazo de la sociedad, pero decidió ser valiente y ser ella misma. Hoy en día es famosa en las redes sociales, autora, y da platicas motivacionales. Otro ejemplo es Nick Vujicic, quien nació sin piernas ni brazos. Como Lizzie, fue alguien de quien se burlaban, pero eso no lo detuvo. Hoy en día está casado, tiene hijos, es autor, actor, creador de dos organizaciones y de un ministerio.

Las personas fuera de los estereotipos son las que logran hacer una diferencia. Tenemos la errónea idea de que ser diferente es algo malo, cuando en realidad es lo que nos hace especiales. La importancia de permitir que Dios nos defina es que cuando venga el mundo a decirnos mentiras como: no eres suficiente, si fueras más bonita, más guapo, si tuvieras dinero, si fueras más alto(a), si fueras popular, nadie te va a aceptar, a nadie le importas, etc., podemos ver la mentira cara a cara y desenmascararla. Una vez que Dios brilla su luz en la mentira, jamás puede volver a traer obscuridad.

LA ACEPTACIÓN

Mis miedos al rechazo me hicieron adicta a la aceptación. Eso causó que me perdiera y que mi rumbo no estuviera definido, porque honestamente no hay forma de ser aceptada por todo el mundo. Me di cuenta que mientras cambiaba e intentaba encontrarme a mí misma, siempre había alguien opinando sobre cómo era, lo que hacía o cómo me veía; eso hizo las cosas un poco frustrantes porque no quería decepcionar a nadie y quería su aceptación. Cuando empecé a acercarme más a Dios, me ayudó en esta área haciéndome entender que yo ya era amada por Él por el simple hecho de ser su hija. Hay un versículo en Mateo 3:17 que dice: *"Este es mi Hijo amado; estoy muy complacido con Él"*. Si no conoces muy bien la historia de Jesús, te invito a leer los evangelios; en resumen, Dios mando a su Hijo Jesús a la tierra con un propósito muy específico y un plan que se había establecido desde el momento que el pecado entró con Adán y Eva. Aun antes de que Él cumpliera con su propósito (morir por nosotros) o siquiera empezar el ministerio y hacer milagros, Dios ya lo había aceptado y estaba complacido con Él. No necesitaba hacer algo en específico para ser aceptado por su Padre, y nosotros tampoco tenemos que hacer nada.

La diferencia de cuando dependemos de Dios y cuando dependemos del mundo es que el mundo nos acepta y rechaza dependiendo de cómo se sienten, lo que esté de moda, el valor que la sociedad nos da, entre otras cosas. Dios es distinto, Él me mostró que yo ya era aceptada por Él, yo ya era amada por Él y no necesitaba tratar de ganar su cariño o aceptación porque no había nada en todo el mundo que yo pudiera hacer para que me amara más, y eso es exactamente lo mismo para ti. Sé que es difícil sentir el rechazo de las personas y no obtener la aceptación de quien queremos, aun de nuestros padres y amigos, pero cuando entendemos que ya somos aceptados por Dios, no hay nada que tenga más valor que eso, y aunque no es lindo el rechazo, ya no es algo que nos marca o define, porque ahora entendemos algo mucho más grande.

AMIGOS CON BENEFICIOS

Vivir la identidad y propósito que Dios ha establecido sobre nuestras vidas significa cambiar e ir en contra de la corriente del mundo. El llamado de Dios no es para cobardes ni para flojos. Toma valentía y dedicación vivir una vida siguiendo a Dios.

Estoy más que segura que has escuchado el término "amigos con beneficios", y si no, déjame explicarlo de la manera más sencilla. Un amigo con beneficios no tiene un compromiso contigo, pero tiene los "beneficios" íntimos como si lo hubiera. Esto usualmente lo hacen las personas que solo quieren obtener algo para ellos mismos sin importarles la otra persona. Tal vez al mencionar este ejemplo tuviste algún pensamiento en desacuerdo, o tal vez no, pero tristemente a veces así somos con Dios. No queremos el compromiso, pero sí los beneficios que tendríamos si viviéramos una vida en devoción con Dios. No puedes encontrar tu identidad o propósito sin rendir todo a Dios, porque Él es el elemento clave y necesario de nuestra ecuación.

Por mucho tiempo yo le decía a Dios que tomara control de mi vida y que se hiciera su voluntad, pero realmente quería se hiciera mi voluntad y pensaba (aun inconscientemente) que si decía las cosas correctas, Dios me daría lo que quería. Lo repito, podemos engañar a muchos, incluso a nosotros mismos, pero nunca a Dios. Para llegar al punto en el que hoy estoy en mi vida, tomó rendir absolutamente todo a Dios y permitir que Él revelara su plan y voluntad a mi vida cada día. No somos autosuficientes y necesitamos de Dios y su dirección. ¿Lo sabes todo? Dios sí. ¿Tienes capacidad para hacer todo? Dios hace lo imposible posible. ¿Puedes determinar tu vida o la de los demás? Dios es el autor de la vida. No podemos hacer nada fuera de Dios. Juan 15:5 dice:

> *"Yo soy la vid y ustedes son las ramas. El que permanece en mí, como yo en él, dará mucho fruto; separados de mí no pueden hacer nada".*

Por mucho tiempo pensaba que si entregaba todo a Dios y le permitía tener control de mi vida e identidad, entonces no lograría nada. Siempre que alguien mencionaba algo sobre la iglesia, el primer comentario o pensamiento que tenía era sobre alguien amargado que no podía hacer nada y que no era exitoso en la vida. Debido a que desde pequeña he sido una persona soñadora, yo quería obtener ciertas cosas; tenía tantas metas que quería lograr en la vida que para mí no era una opción dejarlo todo para ser "cristiana". Y no podía estar más equivocada. Los estereotipos sobre Dios, la iglesia y el cristianismo son exactamente eso, estereotipos, no son verdad. Claro, hay de todo en todas partes, pero lo que Dios tiene para nosotros son planes de bien y lo dice en su Palabra. Por mucho tiempo iba caminando por la vida tratando de tener control de mi presente y futuro. Tenía mis planes y aspiraciones escritas sobre papel y no iba a permitir que nada me detuviera. El problema es que realmente no tengo el control de todo, y la vida no es tan fácil, y es más fácil soñar que lograr las cosas, pero yo seguía luchando con Dios sobre el control de todo en mi vida.

Cuando por fin le entregué todo a Dios, cuando borré todo y dejé mi "yo quiero" a un lado y lo empecé a buscar de corazón, me di cuenta que el error realmente era que estaba mal enfocada. Cada talento, deseo y sueño que había dentro de mí, Dios lo había puesto ahí para hacerme quien soy y poder cumplir el propósito que estableció sobre mi vida, simplemente estaba yendo en la dirección opuesta. ¿En qué dirección estás yendo tú?

CAPÍTULO 8

Si entiendes esto, lo entiendes todo

"nos predestinó para ser adoptados como hijos suyos por medio de Jesucristo, según el buen propósito de su voluntad" (Efesios 1:5).

Nuestras prioridades son reflejadas en los resultados que obtenemos en la vida. Si nuestras prioridades están establecidas de una manera egoísta y desde una perspectiva humana, se encontrarán fallas y limitaciones en ellas. Como lo mencioné en el capítulo anterior, necesitamos de Dios para llegar a entender nuestro propósito e identidad. Uno de mis versículos favoritos es Mateo 6:33: *"Más bien, busquen primeramente el reino de Dios y su justicia, y todas estas cosas les serán añadidas"*. Si pensabas que este libro no tendría que ver con obedecer y entregar todo a Dios, te has equivocado de libro, pero como has llegado hasta este punto, te invito a que lo termines de leer. Primero se trata de Dios, después de Dios, siempre de Dios.

Primero tenemos que buscarlo a Él, rendir nuestras vidas, y todo lo demás fluye de eso.

Cuando entendemos que fuimos creados y diseñados por Dios con un propósito, nuestro enfoque empieza a cambiar de terrenal a celestial. El mundo nos trata de decir desde una temprana edad lo que tenemos que ser en cada aspecto de nuestra vida, y nos envuelve tanto que se convierte en nuestra realidad y objetivo. El propósito de Dios para tu vida y para mi vida, no es momentáneo sino eterno. Por eso la importancia de buscar primero a Dios, su Palabra, su Reino y su voluntad, y todo lo demás vendrá por añadidura. Honestamente creo hemos escuchado sobre Dios de muchas maneras, ya sea en la iglesia, o por otras culturas que tienen el dios sol, dios lluvia y mil dioses, o tal vez solamente lo has escuchado como expresión de "¡ay, Dios!", o cosas por el estilo. Esto nos ha llevado a acostumbrarnos tanto que lo vemos como algo cultural y no algo espiritual y verdadero.

> **Si hay algo de lo que estoy segura en esta vida es que Dios es real, que nos ama y que quiere que regresemos a Él.**

Tal vez tú estás en la posición donde sabes que existe Dios, pero como que hay algo que no hace clic dentro de ti. En este libro he hablado de Él y lo continuaré haciendo, entonces me gustaría compartir contigo algunas cosas sobre quién es Él. ¿Me permites? Dios, el Creador del cielo y la tierra, el Creador de ti y de mí, tiene un nombre. Su título es Dios, porque lo es; tiene un poder incomparable y no es como nosotros. Su nombre es *Yahweh*. Él creó todo de la nada, y tiene poder sobre todas las cosas. Todo lo que creó y sigue creando, es bueno y tiene un propósito. No es como los dioses de las leyendas o películas que están allá en sus templos y son inaccesibles, Él es personal, amoroso, misericordioso y le interesa cada ser humano en el planeta. Cada día nos busca, aun cuando no nos damos cuenta, y su mayor deseo es que lo conozcamos y seamos salvos. A diferencia de cualquier historia de superhéroes, en esta historia el bien muere por el mal, para dar la oportunidad de redención. No hay egoísmo en Él, y una vez que caminas con Él, puedes ver lo imposible volverse posible.

Debido al pecado del cual hablé al comienzo del libro, Dios mandó a su único hijo a morir por nosotros, y con ese sacrificio logramos ser reconciliados con Él. Por eso tenemos que reconocer su muerte y resurrección y seguirlo. Colosenses 1:15-17 dice:

"[Jesús] es la imagen del Dios invisible, el primogénito de toda creación, porque por medio de él fueron creadas todas las cosas, en el cielo y en la tierra, visibles e invisibles; sean tronos, sean poderes, principados o autoridades; todo ha sido creado por medio de él y para él. Él es anterior a todas las cosas, que por medio de él forman un todo coherente".

Tal vez te puedes preguntar cómo estoy tan segura de Él si no tengo pruebas científicas, pero he experimentado su presencia sobrenatural en mi vida y soy otra persona gracias a Él. Si hay algo de lo que estoy segura en esta vida es que Dios es real, que nos ama y que quiere que regresemos a Él. Dios restauró mi esperanza al restaurar mi identidad.

ADMITIRLO ES EL PRIMER PASO

Todos pasamos por situaciones difíciles y momentos confusos. El problema es que en vez de reconocer que nos estamos cayendo en pedazos, tratamos de tapar el sol con un dedo. A veces vamos por la vida fingiendo que todo está bien, que sabemos lo que hacemos, que la vida es bella y perfecta y ponemos nuestra mejor cara. No te digo que no intentemos ser positivos, porque siempre hay que serlo, pero no significa que la vida sea perfecta y también hay que reconocer eso. Algo que tuve que aprender fue a admitir mi dolor y reconocer las heridas que había en mí. Todo el daño que pasamos y cada situación que vivimos nos afectan en nuestro interior y modifican nuestra forma original. Si te haces una cortada en el pie, empiezas a caminar distinto; o si pierdes alguna parte del cuerpo, te tienes que volver a adaptar a cómo hacer las cosas.

Lo mismo pasa con lo interno, cualquier cosa que nos daña, lastima o marca, cambia algo dentro de nosotros y nos empezamos a adaptar. Conforme pasa el tiempo, ponemos curitas con estas nuevas adaptaciones para no caernos en mil pedazos y poder continuar por la vida. El problema con eso es que las heridas profundas no se arreglan con un curita, y entre más pasa el tiempo se hacen más profundas y empeora la situación. No te hace débil reconocer que te has equivocado. No te hace débil reconocer que te han lastimado y que hay heridas dentro de ti. No te hace débil reconocer que necesitas a Dios.

¿CUÁL ES EL VALOR DE X?

A veces es necesario volver a comenzar, ¿no crees? Esto aplica para muchas áreas de la vida, pero cosas sencillas son como un proyecto de la escuela, un peinado, u organizar cosas. A veces es necesario borrar todo y comenzar de nuevo, ya sea porque no está funcionando, porque algo no cuadra o porque simplemente sientes que algo no está bien. En nuestra vida es exactamente lo mismo. Hay una expresión que se dice mucho en el ámbito cristiano basado en un versículo de la Biblia, "es necesario morir a uno mismo". Esto obviamente no es algo literal, pero tiene un significado profundo. Con honestidad te digo que tuve que morir a mí para comenzar a vivir. Tuve que dejar de sentir que yo era el centro del universo y que todo se trataba de mí. Tuve que morir a mis planes, a mis deseos y a mis fracasos. Suena un poco extremo, yo sé, pero al hacer esto le di oportunidad a Dios para empezar a construir sobre mí y que reparara lo que necesitaba reparación y que abriera el camino para lo que realmente tenía para mí.

Cuando las cosas no están funcionando, es necesario detenernos y volver a comenzar. Si algo no da buenos resultados, hay que cambiar la ecuación que estamos siguiendo. Las matemáticas no son mi fuerte pero las ecuaciones son algo que tengo un poco grabado en la cabeza. Recuerdo que en la escuela nos enseñaban a encontrar el valor de "X", y para encontrar ese valor dentro de la ecuación nos revelaban el valor de uno de los elementos para de ahí partir. En ecuaciones más complicadas no teníamos el valor de ningún elemento y teníamos que encontrar uno para poder revelar los otros. Más o menos algo así es en nuestra vida, es como ir desbloqueando niveles en un video juego. No nos podemos saltar etapas o situaciones sin primero resolver lo que tenemos frente a nosotros. Es necesario que resuelvas el valor de X, o sea, tu valor, tu identidad, para poder comenzar a vivir la vida y el plan de Dios para tu vida. Si realmente tienes el deseo de encontrarte a ti mismo, primero tienes que encontrar a Dios.

ALIENTO DE DIOS

Lo importante de volver a la Palabra de Dios es que vemos el carácter de quién es Él, conocemos su esencia, y entre más nos acercamos a Él, más aprendemos a confiar en Él. Hay algo que siempre digo y continuaré diciendo: *no podemos confiar en alguien que no conocemos.* La razón por la que muchas veces no podemos entregar todo a Dios es porque entra esa incertidumbre dentro de nosotros de lo que va a pasar o cómo va a pasar, pero cuando entendemos que Dios es bueno y quiere lo mejor para nosotros, aprendemos a soltar las cosas y confiar totalmente en Él.

Una vez que renunciamos al mundo y decidimos entregar nuestra vida a Dios, nos convertimos en sus hijos. Todos somos creación de Dios, pero no todos son sus hijos. En Filipenses 3:20 se menciona que nuestra ciudadanía ahora se encuentra en el cielo. Ya no pertenecemos a este mundo y no operamos como el mundo. Isaías 64:8 dice: "A pesar de todo, Señor, tú eres nuestro Padre; nosotros somos el barro, y tú el alfarero. Todos somos obra de tu mano".

Hace un tiempo viajé en camión y estaba sentada del lado de la ventana. Todo el camino estaba lleno de ranchos, sembradíos y animales pues viajaba por Texas. Durante mi tiempo observando fuera de la ventana no pude evitar asombrarme de la creación de Dios, su creatividad y perfección en cada detalle. Todas las cualidades que tenemos son cualidades que Dios mismo tiene, y una de ellas es el crear. Dentro de la capacidad humana podemos crear muchas cosas, pero no la vida. Vemos a científicos tratando de crear robots con cualidades humanas pero la vida es algo que nosotros no podemos dar.

Génesis 2:7 dice: "*Y Dios el Señor formó al hombre del polvo de la tierra, y sopló en su nariz aliento de vida, y el hombre se convirtió en un ser viviente*". Hay una canción que probablemente has escuchado que dice "es tu aliento en mi ser, te alabamos a ti solo a ti, es tu aliento en mi ser..." Aunque yo había escuchado esta canción previamente, un día hizo clic en mi cabeza que el aliento de Dios estaba en mí, por lo cual yo estaba viva. Entendí que mi vida literalmente es dependiente de Dios, que es Él quien me dio vida y que no es casualidad mi existencia. Comprendí de una manera sobrenatural lo que significaba cada respirar y cada latido de mi corazón. No lo puedo poner en palabras, pero simplemente comprendí que el aliento del Creador estaba en mi ser. Hay un salmo de David que explica esto muy bien: "*Tú creaste mis entrañas; me formaste en el vientre de mi madre. ¡Te alabo porque soy una creación admirable! ¡Tus obras son maravillosas, y esto lo sé muy bien!*" (Salmos 139:13,14).

EFECTO DOMINÓ

No sé si has visto o escuchado sobre el efecto dominó. Básicamente es cuando una acción causa una cadena de reacciones. Hay un video súper interesante donde literalmente ponen fichas de dominó una tras otra. La primera ficha es súper pequeña, y el tamaño iba incrementando hasta llegar a la última ficha de un tamaño y peso enorme. Con tirar la primer pequeña ficha, lograban tirar todas. El encontrar a Dios para encontrarnos a nosotros mismo es muy similar a ese efecto dominó. Una decisión lleva a un resultado que lleva a otra decisión, y termina en otro resultado.

Cuando entregamos nuestra vida a Dios y entendemos que lo único que necesitamos es a Él, y lo único que importa es lo que Dios dice sobre nosotros, entendemos que somos suficientes y perfectamente creados. Dentro de las muchas historias de la Biblia que podría contarte, la que me viene a la mente en este momento es la historia de David. Cuando Samuel estaba en busca del próximo rey, fue a la casa de Isaí a ungir a uno de sus hijos. Primero, vio a un hijo de Isaí que ante los ojos de Samuel era el ideal, pero 1 Samuel 16:7 dice: *"Pero el Señor le dijo a Samuel: No te dejes impresionar por su apariencia ni por su estatura, pues yo lo he rechazado. La gente se fija en las apariencias, pero yo me fijo en el corazón".*

Isaí fue trayendo a sus hijos uno por uno y a todos Samuel les dijo que no. Preguntó si había alguno más, y trajeron a David, el hijo más joven. Ante los ojos de Isaí David fue la última opción, y si Samuel no hubiera preguntado si había alguien más no lo hubiera mencionado. David era un adolecente, pastor de ovejas; no era con el físico o el estándar que ellos tenían, pero lo que no era suficiente para el mundo fue suficiente y escogido para Dios.

Tú también, sin importar lo que el mundo diga, eres suficiente para Dios. Es importante alinearnos a lo que Dios dice sobre nosotros, porque el mundo soplará vientos fuertes, que si no estamos firmes sobre la roca nos tumbarán. El enemigo tratará de decirnos mentiras para perder el enfoque de nuestra identidad en Cristo, pero recordemos que nadie se compara al poder de Dios.

VUELVE A TU CREADOR

No conozco tu historia, por lo que has pasado o por lo que estás pasando. Tampoco sé las expectativas que tienes al leer este libro, pero por algo has llegado hasta este punto. No te podré dar todas las respuestas que buscas y créeme que no lo sé todo. Como tú, tengo mis momentos de duda, aflicción y tribulación, pero una y otra vez encuentro la misma solución.

No hay manera de que un día conozcas toda la verdad, siempre habrá áreas que serán un poco grises. Incluso habrá momentos donde parece que la vida te está dando una cachetada, pero siempre debes recordar volver a tu Creador. Aun cuando Dios me eligió, me levantó, me limpió y mostró mi identidad y propósito, llegaron momentos que no contemplaba en la vida. Hay momentos donde la corriente se vuelve tan fuerte que dudas si estás caminando por el lado correcto. Hay momentos donde el enemigo se da cuenta que estás sintiéndote débil y empieza a susurrar mentiras a tu oído. Pero dentro de cada circunstancia, dentro de mi caminar con Dios, sé que Él siempre será mi refugio, mi sustento y mi verdad.

Creo que lo he dicho y enfatizado lo suficiente, pero lo repito: *no puedes depender del mundo*. Sé que la presión puede ser grande, y a veces vemos gente que parece tenerlo todo, que tienen una vida perfecta, fama, dinero, éxito, y simplemente una vida que tú desearías algún día tener, pero créeme que todo es temporal. Absolutamente todo lo que puedes ver a tu alrededor en este momento es temporal. Lo único que es para siempre es Dios y su Palabra. Así que créeme cuando te digo que si tienes a Dios lo tienes todo.

En tu identidad encuentras tu propósito

"Todo lo puedo en Cristo que me fortalece" (Filipenses 4:13).

Si el aliento de Dios tuvo que ser dado para nuestra existencia, entonces Dios sabía sobre nosotros y decidió darnos la vida. Si Dios decidió crearnos y darnos vida, y todo lo que Él hace es con un propósito, entonces quiere decir que sin importar la circunstancia en la que llegamos a este mundo, tenemos un propósito. A veces creemos ser un accidente, el no planeado, el no deseado, el abandonado, entre mil cosas, pero aun si no estábamos dentro de los planes de nuestros padres, estábamos dentro de los planes de Dios. ¿No es eso increíble? Hay un versículo que probablemente has escuchado antes, está en Juan 14:6: *"Yo soy el camino, la verdad y la vida –le contestó Jesús– Nadie llega al Padre sino por mí"*. Jesús es nuestra única verdad y de quien tenemos que obtener nuestra verdad. Aunque entregar nuestra vida a

> CONFORME VAMOS CRECIENDO, MADURANDO Y VIVIENDO OTRAS EXPERIENCIAS, PODEMOS TOPAR CON LOS MISMOS PROBLEMAS QUE PASAMOS AÑOS ATRÁS; VIVIR LA VERDAD DE DIOS TODOS LOS DÍAS ES LO QUE NOS AYUDARÁ A ESTAR FIRMES Y NO CAER.

Dios es el primer paso, eso es solo el inicio de la carrera. En nuestras vidas constantemente tendremos que lidiar con comentarios y ataques, pero si sabemos quién es nuestra verdad, podremos salir victoriosos de cada batalla.

Aun después de que entregué mi vida completamente a Dios y empecé a servirle con mi vida entera, me encontré en ciertas situaciones donde tuve que aprender y que continúo aprendiendo a vivir en la verdad de Dios. La razón por la cual he mencionado varias veces que entregar todo a Dios es algo de todos los días es porque cada día es diferente. Conforme vamos creciendo, madurando y viviendo otras experiencias, podemos topar con los mismos problemas que pasamos años atrás; vivir la verdad de Dios todos los días es lo que nos ayudará a estar firmes y no caer.

¿CÓMO VIVIR LA VERDAD DE DIOS?

¿Alguna vez has comprado un mueble o un aparato electrónico en el que se necesitan instrucciones para poder armarlo o instalarlo? Yo soy de las personas que para instalar ese tipo de cosas leo las instrucciones, pero tengo un grave problema, el cual también lo tengo desgraciadamente al momento de hacer exámenes. Medio leo las instrucciones y pienso saber lo que se me está pidiendo sin terminar de leer, y termino haciendo o contestando algo que nada que ver. Cuando regreso y leo realmente lo que se me pide, me doy cuenta que pudieron haber salido las cosas mejor si me hubiera tomado el tiempo de leer correctamente. Por otro lado, también existe gente que para nada lee instrucciones y se dan de golpes en la cabeza porque no entienden qué hacer. Tal vez te puedes identificar con estos dos tipos de personas o tal vez eres normal y sí lees. Pero bueno, el punto con este ejemplo es que a veces así vamos por la vida, dándonos de topes y no entendiendo y volviéndonos locos porque no sabemos qué hacer o para qué fuimos creados, y empezamos a copiar lo que vemos alrededor. El problema con esto es que no todas las personas son iguales; podrá haber similitudes, pero no hay dos personas que sean idénticas en cada aspecto.

Yo sé que no es como que nacemos con un manual incluido, pero realmente sí existe un manual, la Biblia. La importancia de leer el manual de vida (la Biblia) y preguntarle al autor quien eres y por qué fuiste creado es porque te da la oportunidad de conocer tu potencial y ser exactamente quien Dios tiene planeado para ti. También, a diferencia de algún examen o ese tipo de cosas, nosotros sí podemos acceder al Creador y preguntarle nuestras dudas y permitir que Él resuelva lo que no comprendemos.

NO HAY LUGAR PARA EL ORGULLO

Cambiar, avanzar y reconocer errores son cosas que no pueden suceder si hay orgullo dentro de nosotros. Definitivamente no es fácil admitir que nos equivocamos o que hay necesidad de cambiar. Creo es de las cosas más difíciles de hacer, porque a todos nos gusta sentir que estamos en lo correcto. Una de las razones por las cuales yo quería lograr mis sueños y me aferraba a la idea de ser famosa tenía que ver con el orgullo. Me cerré a solo tener un sueño y propósito, porque pensaba... *¿qué dirá la gente si no lo logro?*; lo he dicho por toda mi vida, lo tengo que hacer. Había orgullo dentro de mí de admitir que tal vez estaba equivocada. Había orgullo de examinarme a mí misma y reconocer que mis métodos no eran los más eficientes. Había orgullo al momento de ver mi carácter y ver que podría haber cambios para ser mejor. Había orgullo para admitir que tal vez mis decisiones de vida no habían sido las más sabias.

> **TENEMOS la oportunidad de decidir si QUEREMOS SER QUIEN Dios NOS HA diseñado A SER, O QUIEN la sociedad NOS dicE QUE TENEMOS QUE SER.**

Para poder encontrarnos a nosotros mismos y encontrar nuestra identidad es necesario reconocer que tal vez nos hemos equivocado en varias áreas de nuestras vidas. No tiene nada de malo equivocarnos, porque así es como aprendemos. Lo importante es darnos cuenta de esas áreas con las que batallamos, para poder mejorar y salir adelante. Lo padre de entregar nuestra vida a Dios es que no espera perfección de nosotros, sino que con todo y defectos nos acepta y es Él quien nos va puliendo y ayudando en nuestras debilidades. 2 Corintios 12:9,10 dice:

> *"pero él me dijo: Te basta con mi gracia, pues mi poder se perfecciona en la debilidad. Por lo tanto, gustosamente haré más bien alarde de mis debilidades, para que permanezca sobre mí el poder de Cristo. Por eso me regocijo en debilidades, insultos, privaciones, persecuciones y dificultades que sufro por Cristo; porque, cuando soy débil, entonces soy fuerte".*

Este versículo nunca falla cuando siento que no soy lo suficientemente fuerte. Me recuerda que por más débil que me sienta mi fortaleza se encuentra en Cristo. Lo importante es identificar el problema, saber lo que está fallando, reconocerlo y buscar la ayuda de Dios.

QUE TE VALGA UN CACAHUATE LA GENTE

Que la gente escuche la opinión de la gente me frustra. Y no me frustra porque a mí no me afecte, sino que a mí me ha afectado y detenido muchas veces de hacer algo. Solo tenemos una vida, una oportunidad para vivirla y tenemos en nuestras manos el poder de elegir el camino que queremos seguir. Tenemos la oportunidad de decidir si queremos ser quien Dios nos ha diseñado a ser, o quien la sociedad nos dice que tenemos que ser. Sé que no es fácil ignorar a la gente, créeme, estando ahora en el ojo público me llegan más ataques que nunca en mi vida y eso me ayuda a reafirmar algo muy importante: la voz que yo escucho es la de Dios y no la del mundo, y digan lo que digan no me pueden quitar algo que ellos no me dieron.

Las personas expresarán sus frustraciones, fracasos y miedos a través de ti. Obviamente también habrá personas que te van a aconsejar, corregir y apoyar, pero a la gente que trae negatividad a tu vida hay que ponerle un alto y meterle un calcetín en la boca (no literalmente), porque nada de lo que digan importa. Tú eres importante, fuiste creado únicamente, eres parte del plan de Dios, eres amado, aceptado, perfectamente escogido, tienes un valor tan impresionante y nada de eso lo puede cambiar el mundo.

La vida no es justa o fácil, y llegarán momentos donde hasta tú mismo te defraudarás. A mí me sucedió, yo misma me fallé. La vida no es color de rosa, hay maldad, hay envidias, y creo no te tengo que dar mucho detalle porque estoy segura que lo has visto o vivido. Por eso no podemos entrar o querer entrar en la mentalidad de "soy lo suficientemente fuerte", "solo me necesito a mí mismo(a)", entre otros pensamientos que el mundo nos vende a través de diferentes plataformas, porque no es verdad. No somos lo suficientemente fuertes, pero con Cristo a nuestro lado no hay nada imposible. Siento que a veces la gente confunde cuando digo que no podemos solos. No me refiero a que no somos capaces o suficientes, sino que hay cosas mayores que no entendemos o siquiera sabemos que existen y simplemente nosotros no somos Dios.

Lo que me ayuda a sobrellevar cada día sin importar a lo que me enfrento es la seguridad de que no estoy sola, Dios está conmigo y no me desamparará, y tú tampoco estás solo. Ahora, cuando paso por momentos difíciles, el enemigo puede venir a decirme que estoy sola, pero Dios cada día me muestra que no lo estoy. Dios es mi factor constante cuando el mundo y mi situación son inconstantes.

LUZ EN LA OSCURIDAD

En el momento que decidimos cambiar el rumbo de nuestras vidas, todo nuestro entorno se vuelve diferente. Con esto, las críticas y comentarios pueden volverse aún más fuertes que antes. Recuerdo el día que decidí dejar mis sueños atrás y seguir a Dios con devoción, que empecé a hacer videos sobre Él, estar en la Radio y literal cambiar mi vida; tuve dos tipos de reacciones. Por un lado, hubo gente que me felicitó y se alegró por mí. Por el otro, hubo gente diciéndome que era un error, que no lograría nada, que me lavaron el cerebro y que me moriría de hambre porque de eso no se puede vivir. Lo que realmente le molesta a la gente no es que cambiemos, sino la incomodidad que provoca nuestro cambio. Cuando una luz empieza a brillar en la oscuridad, el pecado y errores salen a la luz, y se vuelven visibles y evidentes. No siempre es fácil ser un punto de luz dentro de tanta oscuridad, pero nuevamente tienes que preguntarte que es lo que vale pagar el precio.

Aun dentro del ámbito de creyentes hay mucha gente que está cómoda, viviendo de una manera conformista y tibia. Cuando encuentras tu identidad esto ya no es algo tan fácil de hacer, y nuevamente puedes molestar a otras personas, porque no solo pones en evidencia el pecado, sino lo que deberían de estar haciendo y no hacen. Alguna gente podrá criticarte, ponerte etiquetas, decirte que eres un radical religioso, loco, que buscas atención, entre otras mil cosas, pero nada de eso te debe detener.

¿QUÉ ES LO QUE VES?

Al final del día, tienes que vivir contigo mismo, con tus resultados y decisiones. Cuando miras al espejo, ¿qué es lo que ves más allá de tu físico, nombre, nacionalidad y estado socioeconómico? ¿Qué es lo que ves más allá de los estereotipos, cuando nadie te ve, sin las etiquetas de moda? Por un tiempo parecía como si cada vez que yo veía al espejo veía todo menos lo que realmente era. Me veía con ojos cegados. Era como ver al espejo y no ver mi reflejo sino ideas que habían sido puestas ahí por la sociedad. Me di cuenta que realmente no tenía la menor idea de quien era al momento de quitar mi cultura, sociedad y todo lo que me influenciara, porque ponía mi todo en las cosas terrenales.

Conforme fui orando, le pedí a Dios que me permitiera verme como Él me ve. Esto definitivamente es un proceso que creo dura toda la vida, pero algunos nunca logran llegar a ese punto de realmente verse en el espejo y ver la creación diseñada por Dios. Con el tiempo empecé a notar que todo lo que estaba en ese espejo, lo que me había definido por tanto tiempo, se empezó a desvanecer y me empecé a ver con ojos nuevos, como si fuera la primera vez.

El cambio empieza hoy

"Diga el cobarde (débil)*: ¡Soy un valiente!"* (Joel 3:10).

Hay un deseo en mi corazón que va más allá de contar mi historia. Quiero ayudar a todos aquellos que están o estaban en el mismo punto de la vida que yo. La realidad es que puedo contarte mi historia, la historia de muchos y decirte las palabras más bellas e inspiradoras, pero yo no te puedo convencer o hacer las cosas por ti. Quiero que sepas que el cambio y renovación de vida que me sucedieron te pueden suceder a ti también, pero tienes que tomar esa decisión por ti mismo.

Todos le tenemos miedo al cambio de una manera u otra. Esto era algo que me detenía muchas veces a mí en distintas áreas de mi vida, pero específicamente en mi identidad. Llevaba toda mi vida siendo la misma persona y la idea de cambiar era imposible de pensar. Eso significaba que cambiar como persona podría llevar a cambios en mis sueños, rumbo de vida, con quien me casaría, mis amistades, mi carrera, y literalmente cada aspecto de mi futuro. Tal vez te sientes o te has sentido así, porque es lo único que conoces en el momento, pero créeme que los cambios siempre son para bien cuando vienen de Dios.

A veces vemos nuestra vida o planes, y los vemos muy padres, muy bonitos y nos emocionan. Cuando Dios quiere hacer cambios y agregar ciertas cosas, el miedo nos detiene. Nos empezamos a preguntar y pensar sobre lo que pasará, qué tal si se arruina, o qué tal si mi vida era mejor antes. Cuando confiamos y seguimos la voluntad de Dios, nos damos cuenta que sus planes eran mil veces mejores que los nuestros, y que lo que creíamos que era lo máximo se ve como algo diminuto al lado de sus planes. Dios nos creó con un propósito, con un plan, y dio la vida de su único Hijo para la redención de nuestros pecados. Dios lo ha dado todo por nosotros, y no hay nada ni nadie que pueda cambiar eso. El enemigo tratará de engañarnos constantemente y traer confusión, comparación y mentiras a nuestras vidas para confundirnos sobre quien somos y quien es nuestro Creador. El enemigo traerá ataques externos para cambiar lo interno. Aprende a identificar quién te está diciendo las mentiras que estás creyendo, y elige creer la verdad de Dios.

A veces es fácil caer en el círculo vicioso de la vida, de la sociedad y de querer encajar en el mundo, y eso nos causa perdernos de la mejor parte; justo como la historia del barco y el señor que no sabía que toda la comida venía incluida. Tu precio ya fue pagado y tu vida fue creada con cuidado y dedicación. Existe Dios *Yahweh*, Creador de absolutamente todo, que te ama como no te lo puedes imaginar. Literalmente estás a una oración de distancia de conocer a Dios, seguirlo y encontrarte a ti mismo, pero la decisión es tuya.

SÓLO UNA OPORTUNIDAD

Sólo tenemos una vida en esta tierra, una oportunidad para completar el propósito por el cual fuimos creados. Si sólo existe esta versión de vida, ¿por qué pasarla tratando de complacer a los demás? ¿Por qué pasarla lloriqueando por lo que tenemos o no tenemos? ¿Por qué pasarla comparándola? ¿Por qué permitir que otra gente decida cómo la tenemos que vivir? No sé las respuestas de los misterios de la tierra, y definitivamente cometo errores y continúo creciendo, aprendiendo y madurando cada día, pero de lo que sí estoy segura es que estoy haciendo exactamente lo que tengo que hacer.

La realidad tiene que ser cuestionada, lo que consideramos verdad tiene que ser cuestionado. A veces tenemos una idea en nuestra cabeza que fue formada por nuestra situación, vida, o simplemente por los anhelos que tenemos, pero sin darnos cuenta no tenemos dirección porque no sabemos quién somos ni a dónde vamos.

Si hoy fuera tu último día en esta tierra, mueres y te encuentras frente a un espejo viendo tu vida, viéndote a ti mismo, viendo lo que realmente eres, sin filtros, sin mentiras, ¿qué es lo que ves? Si en el día de hoy muriera y estuviera parada justo frente a ese espejo viendo mi vida, me sentiría muy feliz y satisfecha. No porque mi vida o yo seamos perfectas, no porque haya logrado el éxito o porque sea la mejor, sino porque viví una vida con propósito. Porque encontré mi identidad y viví la vida que me correspondía. Con esa actitud es la que vivo todos los días, sabiendo que no estoy viviendo la historia equivocada. Exactamente este sentimiento y esa seguridad que Dios me ha dado me gustaría que tú también los tuvieras.

> **Sin importar tu edad o pasado, hoy es un día excelente y perfecto para empezar a vivir la vida que fuiste diseñado a vivir.**

No sólo se trata de saber quiénes somos por el simple hecho de poder responder la pregunta: ¿Quién soy? Tenemos que entender que nuestra identidad, o más bien nuestro conocimiento de ella, va a definir nuestras acciones y en consecuencia nuestro futuro. Sin importar tu edad o pasado, hoy es un día excelente y perfecto para empezar a vivir la vida que fuiste diseñado a vivir.

NUNCA ES TARDE PARA INTENTAR ALGO NUEVO

Vivimos en un mundo que va muy deprisa, siempre pensando en el mañana, en las nuevas tendencias y en el futuro, cuando realmente lo único que tenemos es el hoy. A veces nos envolvemos en ese estilo de vida que creemos no poder cambiar. Nos llegamos a sentir como un hámster corriendo dentro de su ruedita sin fin, pero créeme que Dios puede hacer absolutamente todas las cosas nuevas. Así como eres, donde estás, en tu situación, Dios te puede encontrar, no necesitas ser perfecto o tener todo resuelto, sino permitir que Él sostenga tu mano y te guíe a donde quiere llevarte.

Hay dos historias que podemos vivir, la que nosotros elegimos o la que Dios tiene planeada para nosotros. Pueden llegar a ser similares o súper distintas, pero cada una tiene su final. Dios está constantemente esperando a que volteemos y le preguntemos el plan que tiene para nosotros. Él desea limpiarnos, redimirnos y hacernos criaturas nuevas. No hay nada de tu pasado o aun de tu presente que Dios no pueda perdonar o limpiar para darte la vida que Él tanto desea darte. Créeme que no hay nada que hayas hecho o vivido que pueda arruinar de alguna manera el plan de Dios para tu vida.

¿Alguna vez has jugado ajedrez? La verdad que yo no, tengo una idea de lo que es y he escuchado sobre el juego. Pero estoy segura que sin importar que tan familiarizado estés con el juego, has escuchado la expresión "jaque mate". En los juegos, negocios y en nuestra vida es necesario tener una estrategia, la cual es determinada por el objetivo de vida. Como lo mencionaba antes, no tiene nada de malo querer cosas en la vida y tener sueños, pero cuando eso se vuelve tu motivo de vivir constantemente te encontrarás llegando a fines vacíos, y en vez de hacer tu *jaque mate*, la vida te lo hace a ti y se vuelve un ciclo de inconformidad.

PARA UN TIEMPO COMO ESTE

Muchas veces estuve en un punto donde sentía que había nacido en la época equivocada; quería cambiar mi familia, cómo me veía, mi cultura y simplemente quería cambiar cada aspecto de mi vida. Cada vez que volteaba a mi alrededor, me hubiera gustado tener la vida de cualquier otra persona, menos la que yo tenía. ¿Te suena familiar esto? Conforme ha ido avanzando el tiempo he entendido muchas cosas, y una de ellas es sobre el propósito de Dios para cada vida y cuán perfectos son sus planes.

No sé si alguna vez has escuchado sobre la historia de Ester en la Biblia. En resumen, durante la vida de Ester un rey estaba buscando a su futura esposa, o sea la futura reina. Después de un tiempo de preparación, varias candidatas se presentaron delante del rey, y él seleccionó a Ester. Un hombre muy cercano al rey se levantó contra los judíos y los quería matar y convenció al rey de hacer esta idea un hecho. Ellos desconocían que Ester era judía. Ester había sido criada por su tío, el cual le aconsejó que no dijera su origen a la hora de ser electa como reina. Cuando la noticia de la eliminación de los judíos llega al tío de Ester, él le dice que tiene que ir delante del rey para salvar al pueblo. Ester tuvo miedo de hacer esto, ya que en aquel tiempo la reina no se podía presentar ante el rey sin ser llamada, porque podría ser castigada con la muerte. En Ester 4:14, el tío de Ester le dice:

"... ¡Quién sabe si no has llegado al trono precisamente para un momento como éste!".

En Juan 12:27, Jesús dice: *"Ahora todo mi ser está angustiado, ¿y acaso voy a decir: 'Padre, sálvame de esta hora difícil'? ¡Si precisamente para afrontarla he venido!"*. No sé si lo notas, pero es muy similar a lo que el tío le dice a Ester. Estos versículos señalan que sus vidas tenían un propósito para un momento específico. Jesús sabía a lo que venía a la tierra y lo que sucedería con su vida. Él entendía cada situación y sabía que todo tenía que ser cumplido como su Padre lo había establecido. En cambio, Ester no sabía que había un propósito para su vida y reinado. Nosotros a veces estamos como Ester, no estamos conscientes del plan de nuestras vidas, pero déjame decirte que no es casualidad tu existencia.

Tanto Jesús como Ester tuvieron que pasar por momentos difíciles y ser valientes para cumplir su propósito. Ester tuvo que arriesgar su vida al enfrentarse al rey, pero gracias a eso, ¡logró salvar al pueblo judío, del cual Jesús vendría a la tierra! Y Jesús entregó su vida como sacrificio por la salvación del mundo. Es de valientes vivir el propósito establecido sobre nuestras vidas. Es de valientes vivir por una causa más grande que lo terrenal. Es de valientes vivir sabiendo que nuestra identidad va más allá de lo que el mundo pueda decir.

¿ESTÁS LISTO PARA VIVIR TU IDENTIDAD?

Antes de despedirnos quiero recordarte algunas cosas, para si en algún momento las llegas a necesitar siempre puedes volver justo aquí. Constantemente estaremos siendo atacados. Llegarán mentiras a nuestras vidas que nos harán cuestionar lo que Dios ya nos ha dicho, y por eso es importante conocer la verdad de Dios. Efesios 6:14-17 nos habla de la armadura espiritual, y dice que el escudo con el que podremos apagar todos los ataques del enemigo es la fe. Y nuestra espada es la Palabra de Dios. Cree las verdades de Dios, porque Él es la verdad, Él es el camino, Él es la vida. Él es la única luz que puede vencer la oscuridad. El día que rendiste tu vida a Dios te convertiste en su hijo e hija. ¡Esa es tu identidad!, y no todas las etiquetas que el mundo te quiera dar.

1. Dios dio todo por ti, ya venció al mundo y te ha dado libertad. (Juan 3:16,17)

2. Su amor es para siempre, nada te puede separar de él. (Romanos 8:38,39)

3. Eres un hijo de Dios, el Rey de reyes y Señor de señores. ¿Qué te hace eso a ti? (Romanos 8:16,17; Efesios 1:5)

4. Quien eres tú es suficiente, ni más ni menos. Eres una perfecta creación de un Dios perfecto. (Salmos 139:13,14; Génesis 1:26-28)

5. Tu seguridad, identidad y propósito se encuentran en aquel que te dio la vida, no en la opinión de los demás. El mundo no te puede quitar lo que no te dio. (Salmos 138:8)

6. No necesitas ser lo suficientemente fuerte por ti mismo. El poder de Dios es perfeccionado en nuestra debilidad. (2 Corintios 12:9,10)

7. Ante cualquier situación, mantente tranquilo y recuerda quien es Dios. (Salmos 46:10)

8. Todo toma tiempo, pero no quiere decir que las cosas no vayan a suceder o que Dios no esté escuchando. (Isaías 55:8,9; 2 Pedro 3:9)

9. Dios está ahí. Es real. Solo te tienes que acercar a Él. Dios sabe quién eres, y eres importante para Él. ¡Atrévete a conocerlo! (Santiago 4:8)

10. Puedes hacer absolutamente todas las cosas y vencer cualquier obstáculo porque Dios está en ti. (Filipenses 4:13)

11. Tu existencia no es un accidente. Nada en tu vida es una coincidencia, aun lo que no entiendes. Fuiste creado para un tiempo como éste. (Efesios 2:10)

12. Dios no te ha dado un espíritu de miedo, cobardía o timidez, sino de amor, poder y dominio propio. (2 Timoteo 1:7)

Esta es la historia de cómo encontré y continúo encontrando el camino, mi identidad y propósito cada día. Esta historia también puede ser la tuya, y puede empezar hoy. Espero que de alguna forma este libro haya podido bendecir tu vida y te motive a vivir tu identidad y propósito, conociendo y aferrándote cada día a tu Creador.

Por cierto, mucho gusto, ¡soy Edyah!

13542524R00062

Made in the USA
Middletown, DE
18 November 2018